AF470259

MÉMOIRE

SUR

LES PROJETS PRÉSENTÉS

POUR LA JONCTION

DE LA MARNE A LA SEINE,

LA DÉRIVATION DE LA SEINE,

AVEC DOCKS OU BASSINS ÉCLUSÉS.

MÉMOIRE

SUR

LES PROJETS PRÉSENTÉS

POUR LA JONCTION

DE LA MARNE A LA SEINE,

LA DÉRIVATION 'DE LA SEINE,

ET

LES DOCKS OU BASSINS ÉCLUSÉS

A ÉTABLIR

DANS LES PLAINES DE CHOISY, D'IVRY ET DE GRENELLE.

Par M. J. CORDIER,

INSPECTEUR-DIVISIONNAIRE DES PONTS-ET-CHAUSSÉES.

PARIS,

IMPRIMERIE DE FIRMIN DIDOT,

RUE JACOB, N° 24.

1827.

INTRODUCTION.

Les guerres civiles et étrangères, aussi funestes à l'humanité, en soulevant les passions, que favorables à la célébrité des peuples, semblent nécessaires au développement des qualités extraordinaires et de tous les germes du génie. Dans les temps orageux, le dévouement paraît un devoir, la renommée un besoin, la médiocrité un malheur; la vertu toujours supérieure au danger devient héroïque. C'est du sein des commotions publiques (1) que sortirent les hommes illustres

---

(1) xxxvi. *Magna eloquentia, sicut flamma, materiâ alitur, et motibus excitatur, et urendo clarescit. Eadem ratio in nostrâ quoque civitate antiquorum eloquentiam provexit.*

des siècles de Périclès, d'Auguste, de Médicis, de Louis XIV.

Puisque nous avons subi des calamités affreuses, d'horribles catastrophes, sachons accepter l'héritage qui nous est légué. Nos révolutions récentes, plus générales, plus terribles que les anciennes, plus fertiles en prodiges, ont enfanté une génération généreuse, ardente, et capable des plus grandes choses. Enivrée des séductions de la gloire militaire, elle montre maintenant la même impatience à s'immortaliser dans les travaux

---

« Il en est de la grande éloquence comme de la flamme : il faut des aliments pour l'entretenir ; il faut du mouvement pour l'exciter ; c'est en brûlant qu'elle jette de l'éclat. Les mêmes causes ont favorisé aussi parmi nous l'éloquence de nos anciens orateurs. »

XXXVII. *Quis ignorat utilius ac melius esse frui pace, quàm bello vexari? Plures tamen bonos prœliatores bella, quam pax ferunt. Similis eloquentia conditio.*

« Qui doute qu'il ne vaille mieux jouir de la paix, que d'essuyer les horreurs de la guerre? Il est vrai de dire, pourtant, que c'est la guerre et non la paix qui forme les grands capitaines. Il en est de même de l'orateur. »

TACITE, *Dialogue sur les orateurs.*

de la paix. Hâtons-nous de diriger ses puissants efforts vers un but digne d'elle, de fournir un noble aliment à son honorable activité, d'ouvrir de vastes carrières à son génie : bientôt on verra les hommes supérieurs de tous les partis, se montrer rivaux de gloire, s'associer dans les entreprises nationales, s'entr'aider de leur fortune et de leurs talents, et créer, en quelques années, des monuments utiles, qui porteront la patrie au plus haut degré de prospérité et de grandeur.

Le tableau présent de la France et de la capitale semble justifier ces observations et ces espérances, en indiquant les écueils à éviter et les exemples à suivre.

Depuis 1816, les diverses branches de l'agriculture et des manufactures ont pris un développement jusqu'alors inconnu. Tout ce que l'homme isolé peut tenter a été entrepris; mais les efforts partiels n'ont pas long-temps des résultats heureux. Des succès obtenus, à peine constatés, attirent la foule des imitateurs, qui se nuisent par leur nombre et se ruinent réciproquement. Bientôt après, la crainte de la concurrence jette dans les innovations ; les conseils de l'expérience et de la raison sont dédaignés ; pour une entreprise profondément et sagement combinée, vingt projets gigantesques, bizarres, sont proposés, adoptés, commencés à la hâte, et aussi légèrement abandonnés, après des essais malheureux et des pertes excessives.

La capitale, ce foyer de l'industrie nationale, l'entrepôt des richesses du royaume, présente au dedans et au dehors le même spectacle : des constructions de maisons s'arrêtent aux fondations, ou changent de maître en s'élevant d'un étage ; des villes nouvelles sont plutôt jalonnées par quelques édifices que bâties.

En contemplant le mouvement extraordinaire des voitures sans nombre chargées de matériaux, des cinquante mille ouvriers, des architectes instruits qui les emploient, des capitaux énormes sacrifiés à ces dépenses, on s'afflige en pensant que de si prodigieux efforts n'auront d'autres résultats que de préparer long-temps d'avance le logement de vingt mille familles riches, de ruiner les spéculateurs trop prévoyants, de détruire de beaux et vastes jardins nécessaires à la salubrité, et d'attirer sur un point une masse excessive d'ouvriers, qu'il est difficile de toujours occuper ou dangereux de renvoyer. Avec les mêmes sommes, on aurait ouvert dix canaux de Languedoc et enrichi dix provinces.

Le champ des entreprises particulières étant, pour ainsi dire, épuisé, et la plupart des travaux publics restant à faire, il semble indispensable de diriger davantage les spéculations vers un but national; de les rendre plus honorables par leur destination; d'assurer leur réussite par la puissance des talents et des capitaux, qu'offrent les grandes associations ; de répandre dans les contrées délaissées les richesses improductives en hommes et en argent de la capitale ; et d'alimenter le mouvement industriel prêt à s'éteindre, en ouvrant de vastes ateliers, destinés à recevoir les ouvriers sans travail.

Tel est le but qu'on s'est proposé en présentant de nouveaux projets de canaux ; tels sont les vœux qu'on pense réaliser sur quelques points. Espérons que d'autres grands propriétaires, comme les Caraman, voudront s'illustrer par d'autres canaux de Languedoc ; et que des Vauban nouveaux estimeront plus la gloire d'enrichir une province par un monument utile, que la célébrité obtenue en détruisant des villes, en dévastant les campagnes.

Pour donner une grande impulsion à l'agriculture et au commerce, pour vivifier tous les arrondissements du royaume, le gouvernement n'a plus besoin de créer des impôts, d'ouvrir des emprunts ruineux, de cautionner de son crédit, d'aider de ses trésors des capitalistes trop timides ; la solennité de ses contrats sanctionnés par les Chambres, son respect religieux pour ses engagements, ont effacé les souvenirs d'administrations ombrageuses, ennemies de tout succès, ardentes à les poursuivre par la force et par la fraude. La confiance dans les actes du gouvernement étant aussi généralement établie que fortement justifiée, il lui suffira désormais d'ouvrir aux concurrents la carrière immense, et, pour ainsi dire, encore nouvelle, des entreprises publiques. Les propriétaires et capitalistes doués d'une grande élévation et d'une haute intelligence ne tarderont pas à reconnaître que les spéculations les plus honorables sont aussi les plus lucratives ; que plus les associations sont grandes par le but, et puissantes par le nombre, les richesses et les noms des sociétaires, plus la réussite est certaine. Ils devineront que la multiplicité des entreprises dirigées par l'administration vers un but sagement coordonné, les rendra plus productives; chacune d'elles devenant le complément indispensable des autres.

Puisque l'industrie manufacturière n'est pas seulement une mode des états modernes, mais un moyen nécessaire et le plus fécond de puissance et de conservation, il faut à la France de grandes et nombreuses fabriques, les machines les plus parfaites, du combustible en abondance et à bas prix, et, avant tout, des communications faciles, continues, bonnes en toute saison. Que le gouvernement lève les obstacles qui arrêtent les associations, et, en peu d'années, le royaume sera couvert de monuments utiles, source de richesses et de gloire pour la génération actuelle, et de supériorité sur les nations rivales.

Dans ces temps heureux d'une féconde liberté, nous n'avons pas à lutter contre l'inertie d'une indifférence désespérante, fruit de la mollesse ou de la corruption, ou d'une longue paix. La France brillante de force et de gloire, semble encore appelée à de plus hautes destinées. Pleine d'une vie généreuse, d'un enthousiasme éclairé, elle s'élance sur toutes les routes de la célébrité. Tout ce qui est grand et beau échauffe notre imagination, obtient nos suffrages; nos Journaux divers, nos conversations de tous les instants, attestent la noble ambition, le goût épuré, les généreux sentiments des hommes du siècle.

Sachons seulement nous garantir des vaines promesses ou des écarts de la théorie sans expérience, de l'esprit sans instruction, et plus encore des puissantes oppositions de l'envie, seule héritière de nos révolutions? Cessons de flétrir dans notre pays du reproche d'imprudence et de témérité, ce que nous appelons grand et sublime chez nos voisins. Honorons les efforts généreux, fussent-ils audacieux. Sacrifions de nouveau le présent à l'avenir, et rêvons encore l'immortalité. Dans les lettres, dans les arts, dans les sciences, beaucoup de pages de l'histoire de France restent à remplir. Que l'opinion publique honore les associations utiles, que le gouvernement les accueille et les encourage, et la France sera digne d'ajouter encore un siècle célèbre aux fastes du monde.

Le canal de dérivation de la Marne partira de l'entrée du Morbras au village de Chenevière, passera ensuite sur les territoires de Sussy, Bonneuil, Brévone, Valenton, Creteil, Choisy-le-Roi et Maisons, où il débouchera dans la Seine.

Le canal de la Seine à la Seine, qui fera suite à la dérivation de la Marne, commencera au Port-à-l'Anglais, traversera la plaine d'Ivry, et se divisera à son extrémité en deux bras : l'un coupera le boulevard, longera l'hôpital de la Salpêtrière, et arrivera dans le bassin du Jardin du Roi ; le second sera ouvert en souterrain et en ligne droite de la plaine d'Ivry à la plaine de Grenelle, et entrera dans le bras du Moulineau.

Le grand dock sera établi dans la plaine d'Ivry, vis-à-vis le confluent de la Marne et de la Seine.

NIVELLEMENT DES EAUX.

Les eaux de la Marne au Morbras, étant à l'étiage à la cote 10 m. 75, seront soutenues par le barrage de Bonneuil, de 2 m. 25 ; ainsi les eaux du canal se trouvant à la cote 8 m. 5o, celles de la Seine au Port-à-l'Anglais sont à 15 m. 3o8 ; et par le barrage de la Seine, on les portera à la cote 11 m. 5o.

Le niveau des eaux du canal de la dérivation de la Seine sera à la cote 11 m. 5o ; et celui de la Seine en amont du pont du Jardin du Roi, à la cote 16 m. o45. Les chutes seront rachetées par des sas.

MÉMOIRE

SUR LES PROJETS

PRÉSENTÉS POUR LA JONCTION DE LA MARNE A LA SEINE ET DE LA SEINE A LA SEINE.

~~~~~~

PLAN DU MÉMOIRE.

O~N~ se propose de montrer les inconvénients de la navigation de la haute Seine, l'insuffisance des ports anciens et des gares nouvelles, l'utilité des grands docks ou bassins éclusés, la nécessité de les établir dans les plaines d'Ivry et de Grenelle; on indiquera les avantages d'un canal de jonction de la Marne à la Seine, et de la Seine à la Seine, traversant les plaines de Choisy, d'Ivry et de Grenelle, et destiné principalement à prévenir en hiver les inondations de ces plaines et de la capitale, et à les arroser en été.
~~~~~~

On fera connaître les dispositions principales du projet, les dimensions des ouvrages, les dépenses à faire, les tarifs à établir, les revenus à percevoir, et les documents officiels qui ont servi de base aux calculs présentés.

DE LA NAVIGATION DE LA HAUTE SEINE.

La Seine depuis sa source jusqu'à la mer, considérée sous le point de vue de la navigation, est dans un état pire que celui de nature. Quelques écluses ou pertuis en bois sur la haute Seine devront être refaits avant d'être essayés; les ponts construits avec luxe rendent la descente des bateaux plus dangereuse, et la remonte plus difficile.

La Seine cependant est le principal moyen d'exploitation et de circulation des richesses du royaume et des approvisionnements de la capitale. Il entre, chaque année, dans les ports de Paris 15,300 bateaux et 4,500 trains de bois, savoir : par la haute Seine 18,600 bateaux ou trains, et par la basse Seine et le bassin de la Villette 1,200 bateaux.

La haute Seine reçoit la Marne, l'Yonne et la rivière de Loing, où débouchent les canaux d'Orléans, de Briare, et par eux les productions des bassins de la Loire et du Rhône.

Malgré l'importance de cette navigation, aucun projet complet d'amélioration n'a encore été exécuté, ni même proposé. Chaque année, la navigation de la haute Seine est interrompue dans les temps de sécheresse ou de crues, lorsque les eaux descendent à un pied au-dessus de l'étiage, ou lorsqu'elles s'élèvent à 4 mètres. En toute saison, la remonte des bateaux est à ce point difficile, qu'on est forcé d'en dépécer le plus grand nombre et de les vendre à vil prix. Ainsi les transports sur la Seine ne sont jamais réguliers, et des obstacles de toute nature entravent ou suspendent la navigation.

Il résulte de ces imperfections et des interruptions prolongées, que tantôt les approvisionnements manquent, et que tantôt les bateaux descendant à la fois, recouvrent le lit du fleuve aux abords de la capitale, et empêchent la circulation et le déchargement des marchandises.

En hiver, saison de l'arrivage des trains, les ouvriers enfoncés jusqu'à la ceinture dans une eau glacée retirent les bois pièce à pièce, ou portent à dos les autres matériaux qu'ils déposent sur les bords. De forts attelages de chevaux traînent ensuite les pièces dans les chantiers, en passant sur des talus rapides et couverts de vase.

De si graves inconvénients font regretter qu'on n'ait pas encore construit, hors de l'enceinte de Paris, un seul bassin éclusé, un seul port à niveau constant et bordé de magasins plus élevés que la ligne des plus grandes eaux.

Les quais de Paris, que l'on nomme improprement ports, ne sont que des pentes pavées, dont les bateaux chargés ne peuvent approcher aux temps prolongés de l'étiage ; après les pluies continuelles d'automne, ou à la fonte des neiges, les eaux s'élèvent rapidement , recouvrent ces ports de plusieurs pieds , et occasionent des pertes considérables.

Le nombre des bateaux et la quantité des arrivages dans Paris augmentant chaque année, on juge de plus en plus urgent d'améliorer la navigation de la haute Seine jusqu'aux confluents du canal de Loing, de l'Yonne, etc., au moyen de barrages, et de creuser des bassins éclusés ou docks, à niveau constant, avec magasins aux abords, pour le stationnement, le chargement et le déchargement des bateaux.

DES GARES ANCIENNES ET NOUVELLES
SUR LA SEINE.

Les bateaux de la haute Seine devant stationner plusieurs mois en rivière pour attendre le tour d'arrivage, les glaces, dans les débâcles, rompent souvent les cordages, entraînent les bateaux, les coulent, ou les déchirent, et arrivent dans Paris mêlées avec leurs débris.

On a cherché à prévenir ces désastres, en creusant des gares sur les bords de la Seine: mais, ces bassins n'ayant pas d'écluses, leur niveau varie comme celui du fleuve ; la vase et le sable charriés par les courants, à l'époque des inondations, se déposant dans ces eaux stagnantes, les dépenses en curement absorberont une grande partie des produits. Dans la débâcle de 1802, vingt bateaux de charbon amarrés dans la gare de Charenton furent engloutis par les glaces.

De nouvelles entreprises s'exécutent avec plus de chances de succès, parce que les courants qu'on a ménagés à travers les estacades qui garantissent les bateaux des glaces, serviront à nettoyer en partie le fond de peu de largeur ; mais il résulte de cette disposition judicieuse, que l'étendue de ces nouvelles gares ne pourra contenir que quelques centaines de bateaux. Leurs abords sont d'ailleurs submersibles, d'un accès difficile une partie de l'année, et par cela même peu convenables à l'établissement de fabriques.

La gare de la Bastille semble faire exception ; cependant elle est peu spacieuse relativement aux besoins : son niveau est trop en contre-bas des rues adjacentes ; le chargement et le déchargement des bateaux ne pourra se faire que difficilement et à grands frais. Placée dans l'enceinte de la ville, il faut, avant d'y arriver, acquitter les droits d'octrois, ou rester exposé à une surveillance que le commerce évite. Enfin, la navigation de l'Ourcq n'étant pas encore assez assurée, les bateliers refusent d'y entrer, dans la crainte de ne pouvoir en sortir à jour fixe.

D'autres gares plus spacieuses, commencées sur la basse Seine, quoique très-bien combinées, n'auront cependant pas tous les avantages que doivent procurer les docks projetés, puisque chacune d'elles ne pourra recevoir qu'une partie des bateaux qui remontent la basse Seine. Si le niveau des eaux est variable, les dévasements donneront lieu à des dépenses excessives ; si on emploie des machines à vapeur pour soutenir le niveau, les frais d'établissement et d'entretien seront considérables, relativement au

2.

nombre de bateaux qu'elles pourront recevoir. La gare projetée à St.-Ouen est la seule qui présente de grandes chances de succès, en raison de sa proximité des barrières de Paris et des heureuses dispositions des abords.

La Seine variant de 27 pieds du point le plus bas de l'étiage au point le plus haut, les bateaux en station dans les gares ouvertes s'élèveront et s'abaisseront de cette quantité ; les chargements et déchargements dans les eaux ordinaires seront difficiles, et les envasements très-rapides et dispendieux. Ainsi, une gare qui n'est point fermée par des écluses ne remplit qu'une seule des conditions d'un bon port, et ne saurait être comparée à un dock ou bassin éclusé, à niveau constant, avec digues insubmersibles, environné de chantiers et d'entrepôts.

NÉCESSITÉ D'ÉTABLIR DES PORTS OU BASSINS ÉCLUSÉS SUR LES BORDS DE LA HAUTE SEINE.

La navigation de la haute Seine étant imparfaite et souvent interrompue, les approvisionnements de la capitale ne sont ni réguliers, ni assurés ; le prix des marchandises volumineuses, comme le charbon, le bois, les vins, etc., varie de 15 à 20 pour 100, à quelques mois d'intervalle : les négociants ne peuvent les livrer à jour fixe ; ce qui donne lieu à beaucoup de procès, et à de grandes pertes qui retombent sur les fabricants et les consommateurs.

Le besoin de bassins éclusés sur la haute Seine, de grands magasins de charbon, de paille, de foin, de bois, etc., se fait chaque année plus vivement sentir. La valeur progressive des terrains de l'intérieur oblige d'ailleurs les marchands de bois et les manufacturiers de chercher hors des barrières des emplacements moins chers : l'économie sur la location du sol et sur les frais de main d'œuvre hors des barrières, compensant et au-delà les inconvénients de la distance; il paraît constaté que le charbon et le bois tirés des magasins de Charenton peuvent être livrés à plus bas prix dans Paris, que les mêmes matières prises dans les entrepôts intérieurs.

De grands dépôts de matières premières, assez spacieux pour contenir les approvisionnements d'une année, rendraient les prix uniformes, diminueraient les dépenses des consommateurs, et assureraient le succès des fabriques.

Les magasins à établir, pour remplir leur destination, doivent être placés sur un sol plus élevé que les plus grandes crues, sur les bords de la rivière ou des canaux, et à portée des grandes routes. Nulle localité n'offre naturellement ces divers avantages : ou les bords de la Seine sont bas, et les grandes eaux qui les recouvrent inonderaient les parties basses des entrepôts ; ou ils sont élevés, et des constructions d'une grande valeur occupent le sol jusqu'au lit du fleuve. Dans ce cas, le montant des indemnités à payer dépasserait la rente des locations.

Cependant, malgré ces obstacles, le commerce repoussé de Paris par la valeur progressive du sol cherche à s'établir à Charenton, à Ivry, à Grenelle, à Neuilly, sur des terrains qui ne satisfont qu'à l'une des conditions prescrites. Les magasins sont éloignés de la rivière et des routes, ou placés sur des terrains submersibles ; tous sont entrepris sur de trop faibles échelles, pour assurer le service et contribuer à la réduction du prix des marchandises.

DES LOCALITÉS A CHOISIR POUR L'ÉTABLISSE-
MENT DES PORTS ET CHANTIERS.

La plaine d'Ivry nous a paru le seul emplacement convenable à l'établissement de grands docks ; elle est spacieuse, rapprochée des barrières, et à un niveau tel, que les déblais du creusement des bassins compenseront les remblais nécessaires pour mettre les digues et les entrepôts au-dessus des plus grandes inondations connues. La double entreprise des bassins et des magasins coûtera donc le moins possible.

Les eaux de la Seine et de la Marne, et les 18,600 bateaux ou trains qui descendent de ces rivières, pourront rester dans les canaux ou entrer dans les bassins. Les routes de Champagne, de Bourgogne, de la Suisse, d'Orléans, viendront de même converger sur la plaine d'Ivry, au moyen des ponts proposés : les diverses productions qui sont expédiées pour Paris par des voitures arriveront dans les magasins sans traverser Paris, sans passer même dans les faubourgs ; elles y seront entreposées avec plus de facilité et à moins de frais que dans les magasins de l'intérieur.

La plaine d'Ivry, étant quelquefois inondée, est encore toute nue, l'on n'y compte que quelques constructions placées sur les bords de la Seine et hors de la ligne du projet : ainsi, rien ne s'opposera à l'exécution de l'entreprise. Le terrain est d'ailleurs en partie acquis par des capitalistes membres de l'association des docks.

La plaine d'Ivry est voisine des carrières de pierres, de plâtre, de sable : la terre du sol, convenablement préparée, peut servir à la fabrication des briques ; c'est donc encore le lieu des environs de Paris où les constructions se feront le plus facilement et au plus bas prix.

Les 18,600 bateaux ou trains qui arrivent chaque année par la haute Seine, ayant chacun environ 150 mètres carrés, occuperont ensemble 277 hectares ou 830 arpents de Paris. Lorsque la navigation de la haute Seine et de ses affluents sera perfectionnée, les bateaux ne seront plus dépécés ; les arrivages et le mouvement de la navigation doubleront peut-être avant dix ans. Il faut donc que le projet comprenne : 1° pour les canaux et bassins, une surface de 600 arpents, nécessaire au stationnement de 9,000 bateaux ; et 2°, pour les magasins et entrepôts, une étendue de 800 arpents. On s'est procuré dans les plaines d'Ivry et de Choisy une superficie de 1,400 arpents pour l'exécution des projets; étendue qu'il serait impossible de trouver, à la même distance, dans aucune localité, aussi convenablement située sur la haute Seine.

On ouvrira d'autres docks ou bassins éclusés dans la plaine de Grenelle et d'Issy, également destinés à recevoir les marchandises qui arrivent par la haute et la basse Seine. Les bassins et magasins d'Ivry et de Grenelle se trouvant en communication par un canal navigable en toute saison, on pourra faire passer les bateaux et marchandises d'un dock dans l'autre en moins de deux heures.

Les travaux de la plaine de Grenelle auront de même pour résultat de garantir en hiver les terrains des inondations, et de les arroser en été.

Il serait impossible de trouver sur la basse Seine aucune localité qui réunît les divers avantages indiqués plus haut. En construisant, par exemple, des bassins près de Neuilly, de Clichy, de Saint-Denis, d'Argenteuil, etc., on serait forcé de transporter par terre, une grande partie de l'année, les marchandises tirées de ces magasins pour la consommation de Paris. Il faudrait aussi remonter ou descendre la Seine dans la traversée de Paris, pour conduire dans les entrepôts les produits qui arrivent par la haute Seine, ou pour expédier sur les affluents de la haute Seine les marchandises amenées par les affluents de la basse Seine. Les canaux de l'Ourcq et de Saint-Martin ne pourraient tenir lieu de la dérivation proposée : beaucoup de bateaux sont plus grands que les écluses de ces canaux. Il faut d'ailleurs traverser vingt-quatre écluses, et passer dans l'enceinte de Paris, inconvénient que le commerce veut éviter.

NÉCESSITÉ DE GARANTIR LA CAPITALE DES INON-DATIONS, ET MOYEN D'Y PARVENIR.

La Seine, resserrée à son entrée dans Paris par le pont de la Tournelle et l'estacade de l'île Saint-Louis, s'élève rapidement à l'amont de Paris dans le temps des crues et des débâcles, inonde plusieurs fois, chaque siècle, les plaines de Choisy, de Maisons, d'Ivry, de Grenelle, et tous les quartiers bas de la capitale; les eaux renversent les murs des clôtures et des maisons, dans les faubourgs de la Gare, de Bercy, Saint-Marceau; entraînent des bateaux, pénètrent dans la moitié des caves de Paris, avarient les marchandises, et occasionent des pertes immenses. Les dégâts constatés du débordement de 1802 ont été évalués à 8 millions.

Pour prévenir les inondations, il faut enlever l'estacade de l'île Saint-Louis; élargir le bras de l'île Louvier qu'on a fermé; donner à tous les passages un débouché de 130 à 140 m.; supprimer les gares intérieures de Paris; défendre le stationnement des bateaux du 1er novembre au 20 mars, temps des inondations; ouvrir les docks d'Ivry et du Jardin des plantes. Il est également avantageux de creuser un canal de dérivation de la plaine d'Ivry à la plaine de Grenelle, afin de donner un nouvel écoulement aux eaux du fleuve, et d'établir une communication sans écluse, de la haute à la basse Seine, sur la rive gauche.

La question que nous avons essayé de résoudre a été souvent proposée par l'administration de Paris.

Après chaque débordement de la Seine, les autorités de la capitale, effrayées des désastres occasionés par les inondations, ont appelé à leur conseil les savants les plus célèbres de l'époque, et leur ont demandé les moyens de les prévenir. M. Déparcieux, membre de l'Académie des Sciences, proposa d'établir des chaînes flottantes sur la Seine, au-dessus du confluent de la Marne, afin d'arrêter les glaces, de faire prendre plus tôt la Seine, d'empêcher l'agglomération des glaçons, et de diminuer leur action dans les débâcles. M. de Peyronnet, premier ingénieur des Ponts-et-Chaussées, rédigea un mémoire sur le même sujet. D'autres ingénieurs projetèrent un canal de Bercy à Chaillot, en contournant Paris sur la rive droite, et une dérivation de la Marne, de Gournay à Saint-Ouen, pour diminuer, par ces dérivations, le volume d'eau du fleuve. Mais la dépense de ces entreprises effraya la ville; et quelques hivers peu rigoureux firent oublier les désastres et les projets présentés. Cependant Paris est plus exposé que jamais aux chances des inondations : quatre nouveaux ponts, des quais, des ports, l'estacade de l'île Saint-Louis, rétrécissent à ce point le débouché, que les eaux, dans les débâcles, s'élèveront à une plus grande hauteur, et causeront de plus grandes pertes. On doit craindre que la plupart des constructions faites à Bercy, à la Gare, sur la plaine d'Ivry, ne soient rasées et entraînées avec les chantiers de bois et les marchandises déposées sur les rives où l'eau peut s'élever à 10 pieds.

Les entreprises utiles à Paris, qu'on aurait jugées impraticables, dans le siècle dernier, par les grands travaux à exécuter et les dépenses à faire, paraîtront maintenant possibles et faciles, en raison des progrès de la science de l'ingénieur, de l'accroissement des richesses, et de la confiance donnée aux associations par d'heureuses institutions. Des capitalistes et propriétaires réunis en société peuvent entreprendre de plus grandes choses, et les achever mieux et plus tôt que les villes les plus riches et les gouvernements les plus puissants. D'après l'assurance qui nous est donnée que l'on réunira les fonds nécessaires à l'exécution des travaux, nous n'avons pas craint de donner à l'entreprise que nous proposons l'extension dont elle est susceptible, afin de prévenir les désastres causés par les inondations.

DESCRIPTION DES PROJETS.

On propose, 1° d'établir sur la Marne, au-dessous de Chenevière, un barrage éclusé, qui soutienne les eaux jusqu'à Saint-Maur, et facilite la navigation dans le grand bras de la Marne, maintenant à sec plusieurs mois de l'année ;

2° De creuser un canal de jonction de la Marne à la Seine, entre Chenevière et le Port-à-l'Anglais, avec embranchement sur Choisy; de maintenir les eaux de ce canal à une élévation plus grande que la plaine de Choisy, pour l'arroser et transformer en bonnes prairies des terrains de peu de valeur ;

3° D'ouvrir une dérivation de la Seine, du Port-à-l'Anglais au Jardin des plantes; d'établir dans la plaine d'Ivry, et près du boulevard, des bassins assez spacieux pour les besoins de la capitale ;

4° De construire à l'aval du Port-à-l'Anglais et à l'amont du confluent de la Marne, un barrage éclusé, destiné à élever les eaux de la Seine, à rendre cette rivière navigable en toute saison, à la jeter en partie dans le canal de dérivation d'Ivry, et à fournir à l'extrémité du canal une chute et un volume d'eau suffisant pour élever, par des machines, les eaux de la Seine dans les quartiers les plus hauts de Paris;

5° D'ouvrir un canal de la plaine d'Ivry à la plaine de Grenelle, avec de grandes dimensions, destiné à écouler un dixième du volume des eaux, à prévenir les inondations de la capitale, et à établir une navigation facile de la haute à la basse Seine, en évitant 13 ponts et la traversée de la ville.

Nous examinerons successivement les diverses parties du projet.

BARRAGE DE LA MARNE.

Le nouveau barrage de la Marne, placé vis-à-vis le moulin de Bonneuil, sera établi conformément aux dispositions suivies au barrage de Saint-Maur, en y pratiquant toutefois plusieurs passages éclusés, afin de tenir la surface du barrage à une grande hauteur, d'augmenter en été le tirant d'eau, et de conserver le régime de la rivière au temps des grandes crues.

Par l'influence du barrage de Bonneuil, la pente de la Marne, de Saint-Maur à ce point, étant réduite à o m. 30 c. pendant les mois secs, la navigation deviendra aussi facile que sur un canal ; la jonction de la Marne à la Seine, ou la dérivation de la Marne, ne sera creusée qu'à quelques pieds au-dessous de l'étiage de la Marne ; le travail coûtera moins ; les eaux seront plus élevées que les plaines de Choisy, de Maisons et d'Ivry, qu'on pourra fertiliser par des irrigations.

Quoique le nouveau barrage de la Marne soit plus considérable que celui de Saint-Maur, on ne portera que les mêmes dépenses, parce que le prix des matériaux a diminué depuis un an.

Ce travail conservant au moulin de Bonneuil

la force motrice qu'il doit perdre par l'établissement des usines de Saint-Maur, l'administration
se trouvera affranchie des indemnités à payer
aux propriétaires et au locataire du moulin.

Le barrage de Bonneuil a été évalué 200,000 fr.;
savoir : pour un travail semblable à celui de
St-Maur, ci...................... 185,000 fr.

Seconde écluse ou décharge..... 15,000

En tout......... 200,000

CANAL DE JONCTION DE LA MARNE A LA SEINE.

La dérivation de la Marne de Chenevière au Port-à-l'Anglais, procurant un niveau constant dans les docks ou bassins d'Ivry, dispenserait d'employer des machines à vapeur pour soutenir les eaux à 3 m. au-dessus de l'étiage, et d'établir même le barrage éclusé de la Seine, si des obstacles qu'on ne peut prévoir faisaient ajourner l'exécution de cet ouvrage.

La vallée qui sépare la Marne et la Seine entre Chenevière et Choisy est plus basse que ces rivières à l'époque des grandes inondations : leurs eaux se réunissent alors au-dessous de Boissy-Saint-Léger, entre Bonneuil et Brevanne ; circonstance qui montre la facilité d'établir une jonction de la Marne à la Seine, dans les temps d'étiage ; la Marne à Chenevière est plus élevée de 4 m. 558 que la Seine au Port-à-l'Anglais ; mais, dans les débordements, la Seine à Choisy atteint le niveau de la Marne à Chenevière.

Le canal de dérivation de la Marne établira une communication facile et rapide entre la Marne et la Seine, et dispensera du passage du pont de Charenton, où les eaux ont tant de rapidité, que la remonte des bateaux chargés n'a pas lieu, la dépense étant de plus de 250 fr. pour le trajet de trois lieues.

Après l'exécution du barrage, le bras de la Marne entre Saint-Maur et Bonneuil aura constamment 2 m. de tirant d'eau; on passera en deux heures d'une rivière à l'autre avec des bateaux de 400 tonneaux; on arrosera les terrains adjacents; on préservera les plaines de Choisy, de Maisons, des inondations de la Seine; on obtiendra de vastes bassins où les bateaux stationneront avec sécurité; et les emplacements les plus convenables à l'établissement des chantiers et des fabriques auront d'un côté une grande route pavée, et de l'autre un canal navigable.

Le canal de dérivation sera terminé par une écluse à sas, afin de passer du canal dans la Seine, et réciproquement; des tuyaux de conduite de deux mètres de diamètre, posés dans le lit de la Seine, permettront de tirer des eaux du canal de dérivation de la Marne pour alimenter le canal et les bassins de la plaine d'Ivry, et de maintenir le niveau à une hauteur convenable au chargement et au déchargement des bateaux, dans le cas où le barrage de la Seine ne serait pas exécuté.

La pose des tuyaux de conduite se fera avec autant de facilité et avec aussi peu de dépenses qu'aux prises d'eaux établies dans la Seine pour

3.

les pompes à vapeur du Gros-Caillou et de Chaillot.

Le canal aura 20 m. de largeur dans le fond, des talus de deux pour un, 4 m. de tirant d'eau, et des digues élevées de 5 m. au-dessus du niveau des eaux. Les sas auront 8 m. de largeur entre les bajoyers, et 60 m. de longueur entre les bases.

La dérivation de la Marne qui communiquera par les tuyaux avec les bassins d'Ivry, sera plus élevée que la plaine d'Ivry et que les quartiers bas de Paris; les grandes rues du faubourg Saint-Germain seront fournies d'eau avec peu de dépenses; des roues mues par la chute de la Seine élèveront pendant l'étiage les eaux des bassins jusqu'aux rues élevées, même les plus éloignées; aux époques des crues, le service sera fait par des machines à vapeur, ou par les eaux de l'Ourcq.

On a fait usage d'un moyen semblable à Philadelphie, où les eaux sont portées dans tous les quartiers et à tous les étages par des machines mues par une dérivation de la rivière. (Pl. III.)

Les eaux de la Marne amenées près de la Seine serviront aussi à la manœuvre des portes du barrage mobile du Port-à-l'Anglais. (Pl. IV.)

CANAL DE DÉRIVATION DE LA SEINE, DU PORT-A-L'ANGLAIS AU JARDIN DES PLANTES.

Le canal de dérivation de la Seine partira de la Seine à l'aval du Parc, traversera la plaine d'Ivry en suivant l'ancien lit de la rivière, passera derrière la Verrerie et la Gare, et arrivera au boulevard du Jardin des Plantes. A l'entrée de la plaine d'Ivry, on creusera un bassin de 1,200 m. de longueur sur 200 m. de largeur. On établira entre le quai, l'hôpital de la Salpêtrière et le boulevard, un deuxième bassin d'une forme octogone de 120 m. de côté; les bords seront construits en maçonnerie : un embranchement s'étendra de ce bassin dans l'intérieur du magasin aux vins, en traversant le Jardin des Plantes.

Le canal aura 20 m. de largeur dans le fond, et 4 m. de tirant d'eau.

Aux deux extrémités, on construira des écluses avec sas, de 60 m. de longueur entre les bases, et de 8 m. de passage.

Les quais, terre-pleins, digues et abords du canal et du bassin seront élevés, par l'emploi des déblais, à deux pieds au-dessus des plus grandes inondations connues.

Sur les bords du bassin d'Ivry, on construira trois rangs de chantiers destinés aux entrepôts de charbon de terre et de bois, aux magasins de foin, de paille, d'avoine, et marchandises de toute nature.

Les chantiers de bois de charpente et de bois à brûler seront placés sur les bords du canal entre le bassin d'Ivry et le boulevard.

Le niveau du canal et des bassins sera réglé à volonté, et maintenu à la hauteur la plus convenable pour le chargement et le déchargement des bateaux, au moyen des eaux de la Seine retenues par le barrage éclusé, ou par les tuyaux partant du canal de la Marne.

Les portes des écluses de garde placées en tête de la dérivation serviront à fermer le canal, lorsque la Seine sera plus élevée que le point où elle cesse d'être navigable, afin de prévenir les atterrissements.

BARRAGE ÉCLUSÉ DE LA SEINE AVEC PONT EN MAÇONNERIE.

Un pont sur une rivière navigable comme la Seine, destiné seulement au passage des voitures, n'ayant ni radier général ni écluse, nous paraît un ouvrage incomplet dans l'état actuel de la science de l'ingénieur. Il nuit au passage des bateaux, qu'il est aussi essentiel de favoriser que celui des voitures.

Il semble nécessaire de fonder de nouveau les ponts par épuisement et sur un radier général, et de disposer les piles pour former barrage au moyen de poutrelles. Les eaux sont alors maintenues avec facilité au niveau le plus convenable pour la navigation. On passe la chute au moyen d'écluses; et, en ouvrant les portes et poutrelles à l'époque des grandes eaux, la rivière reprend son régime, et la hauteur des inondations n'est point augmentée.

Un semblable projet eût été autrefois impraticable, ou d'une dépense excessive; mais en faisant usage des machines à vapeur pour épuiser, les travaux peuvent être exécutés dans le lit du fleuve presque avec autant de facilité, de solidité et d'économie, qu'à quelques cents toises de ses bords.

1er PROJET DE BARRAGE.

Pour se garantir des dangers causés par les crues subites pendant et après l'exécution des travaux, et pour prévenir toute objection, on a donné au débouché des eaux les deux cinquièmes en sus de celui du pont de Choisy à une lieue du Port-à-l'Anglais. Les fondations seront faites en deux années et par moitié, en laissant toujours au lit du fleuve une largeur à peu près égale au débouché du pont de Choisy. Ainsi les débâcles mêmes n'auraient qu'une faible action sur les batardeaux qui envelopperont les fondations entreprises.

Le pont aura sept arches, chacune de 20 m. d'ouverture; au milieu de chaque arche, on élèvera une pile de 2 m. de largeur et de 4 m. 50 au-dessus de l'étiage.

Des poutrelles fermant les demi-arches seront retenues par un poteau mobile et échancré; en tournant ce poteau, lorsque le niveau de la Seine atteindra 5 m., point où la navigation cesse, les poutrelles s'échapperont, et la rivière reprendra son régime. On a aussi proposé des portes tournantes, que la force du courant fait ouvrir et fermer à volonté.

Si on juge nécessaire de conserver la navigation dans le lit de la Seine, et de donner aux bateliers la faculté d'entrer dans les docks ou de suivre le cours du fleuve, on construira une écluse à sas, en remplacement de l'une des arches du barrage éclusé, et on établira aux trois arches du milieu un radier à 2 m. 50 au-dessus de l'étiage. Les bateaux et trains passeront en tout temps à l'écluse ou sous les trois arches, lorsque les eaux seront fortes : un projet de barrage a été rédigé pour satisfaire à ces conditions.

On se propose de maintenir au barrage les eaux d'amont à 4 m. au-dessus de l'étiage; ce qui donnera, soit à l'amont du barrage, soit dans les canaux de dérivation, un tirant d'eau de 4 m., profondeur plus que suffisante pour que les bateaux à vapeur et autres, destinés à faire le service de Paris, prennent 3 m., et naviguent sur la Seine avec des chargements de 6 à 700 tonneaux, à six lieues au-dessus du barrage.

Ainsi, les travaux proposés, sans changer le régime de la rivière, sans augmenter la hauteur des inondations, procureront en toute saison une navigation régulière, avec un tirant d'eau et un chargement deux et trois fois plus fort. Les dimensions données au canal sont suffisantes pour dériver une partie de la Seine et garantir Paris des inondations, en prolongeant le canal jusque dans la basse Seine à Grenelle.

On reconnaîtra par les devis estimatifs que le pont éclusé avec radier général en maçonnerie ne coûtera pas beaucoup plus que les anciens ponts construits sur la Seine en pierres d'une mauvaise nature; la plupart de ces ponts sont d'ailleurs nuisibles à la navigation, particulièrement ceux de Poissy, Meulan, etc.

2ᵉ PROJET DE BARRAGE DE LA MARNE ET DE LA SEINE.

Le barrage d'une rivière sujette à des crues rapides et fortes, qui sort de ses rives et noie les campagnes riveraines, a toujours paru l'ouvrage le plus difficile et, pour ainsi dire, l'écueil des ingénieurs.

Un barrage fixe ne donne pas, en été, un tirant d'eau suffisant; en hiver, il augmente la hauteur et le champ des inondations.

La manœuvre des poutrelles est lente, et occasione beaucoup de frais d'entretien et de main-d'œuvre.

Il paraît préférable d'employer des portes horizontales, qu'on manœuvre avec facilité en quelques minutes et par le seul secours de l'eau.

Les dessins de la planche IV en font connaître le mécanisme.

Les eaux de la Marne, soutenues à 4 m. 5o au-dessus de celles de la Seine, traversent par des aquéducs sous les doubles portes qui s'élèvent et se baissent à volonté et presque instantanément, selon qu'on ouvre ou ferme les vannes de communication de la dérivation de la Marne avec l'aquéduc traversant le barrage.

Le régime de la rivière étant rétabli sans aucune modification pendant les crues, le niveau des inondations ne peut être augmenté même de quelques centimètres.

Ce système donne la facilité de produire à volonté un courant rapide, des chasses puissantes, de renouveler les eaux, et de nettoyer, en été, le lit d'une rivière exposée à des atterrissements.

Les applications de ce barrage peuvent s'étendre au cours des rivières les plus rapides, et même des terrains qu'on n'avait osé canaliser.

Un modèle en bois de ce système de barrage, que nous faisons exécuter, fera juger de la facilité des manœuvres et des ressources qu'on doit en tirer.

La dépense du second projet de barrage étant la même que celle du premier projet, la somme portée est relative à l'un ou à l'autre système.

DES ÉCLUSES DE GARDE ET DE CHASSE A ÉTA-BLIR AUX EXTRÉMITÉS DES CANAUX DE LA MARNE ET DE LA SEINE.

Les grandes eaux de la Seine, charriant des graviers et des vases, formeraient des atterrissements dans les canaux et les bassins projetés, s'ils restaient ouverts comme les gares actuelles. On a donc cherché les moyens d'empêcher l'introduction des eaux limoneuses, et d'enlever les dépôts qui ont lieu à la longue dans de vastes réservoirs.

Aux deux extrémités de chaque canal, on a projeté des écluses de garde avec portes busquées contre la Seine et plus élevées que ses plus grandes eaux. Ces portes resteront toujours fermées lorsque la Seine cessera d'être navigable.

Dans chaque ventail, on établira des portes tournantes, ayant des longueurs inégales et des vannes dans le plus grand côté. Cette disposition permettra d'ouvrir les portes avec facilité, de les fermer contre le courant et de suspendre les chasses.

Au moyen de la communication établie par des tuyaux, du canal de la Marne au canal de la Seine, les bassins d'Ivry seront à volonté ou plus hauts ou plus bas que la Seine dans les temps d'étiage. On sera maître de donner des chasses, ou de la Seine dans les bassins, ou des bassins dans la Seine.

Ainsi les atterrissements extérieurs formés, pendant les débâcles, à l'entrée des portes de garde, seront enlevés en quelques heures, et les vases déposées dans les canaux se trouveront de même entraînées.

Pendant les chasses, on emploiera les bateaux en station dans les bassins, pour diriger le courant et nettoyer les parties éloignées de l'axe du canal.

On a joint au travail général les dessins et les devis estimatifs des dépenses des portes tournantes, semblables à celles des écluses de Dunkerque, où les avantages ont été constatés par des expériences souvent renouvelées.

Cependant, si on adopte le projet d'ouvrir le canal en grande section et de dériver une partie de la Seine de la plaine d'Ivry dans celle de Grenelle pour empêcher les inondations de Paris, le canal restera ouvert pendant les jours de crues extraordinaires; mais alors la vitesse du courant sera trop grande pour que des atterrissements aient lieu. On se propose d'ailleurs de modifier, dans ce cas, un bras du canal en le rendant indépendant de docks.

ÉVALUATION ET EMPLOI DES CHUTES D'EAU PRODUITES PAR LE BARRAGE.

Le barrage du Port-à-l'Anglais soutiendra les eaux à 4 m. au-dessus de l'étiage. Ainsi le niveau du bassin du Jardin des Plantes sera à environ 4 m. 5o au-dessus du pont de la Tournelle. Si le canal de navigation est destiné à la distribution des eaux dans Paris, on donnera au canal la pente de la rivière, qui est, à l'étiage, de o m. 737.

Le projet d'embranchement du canal d'Ivry sur la Seine a été rédigé dans la double hypothèse qu'il pourrait être alimenté par les eaux de la Marne au moyen d'une conduite, ou directement par la Seine soutenue par le barrage.

Si le canal d'Ivry tire ses eaux de la Marne, le niveau en sera plus élevé, la dépense des déblais et des constructions moins grande, et la surface du bassin du Jardin du Roi plus haute; ce qui permettra d'arroser immédiatement sans machines le faubourg Saint-Germain.

Mais il paraît préférable de faire une dérivation de la Seine pour obtenir un plus grand volume d'eau, une plus grande puissance, et une navigation plus prompte, plus facile et mieux assurée.

La prise d'eau est faite au moyen de trois écluses simples ayant chacune 8 m. d'ouver-

ture; le radier a 4 m. en contre-bas des poutrelles et un débouché ensemble de 96 m.

La vitesse moyenne du courant étant au passage des écluses de 0 m. 60 par seconde, le volume fourni sera de 56 m. 60 par seconde, ou
de 4,976,640 en 24 heures, qui, divisés par
19 m. 1953, produit d'un pouce de fontainier
en 24 heures, donnent, en pouces de fontainier,
ci 259,263

Dont il faut retrancher les
pertes suivantes :

Évaporation ..	200 p.	
Infiltration ...	2,000	10,200
Navigation ...	8,000	

Il restera 249,063

On propose d'employer à l'irrigation des jardins et prairies des
plaines d'Ivry et de Grenelle, à
raison d'un pouce par arpent:

Pour 4,063 arpents, ci. 4,063

De consacrer au net-
toiement des rues basses
de Paris 6,000   16,063

Et à la distribution des
eaux dans les divers quar-
tiers... 6,000

Il restera. . . . . 233,000 pouces.

Qui correspondent à un vo-
lume de. . . . . 4,472,505 m. c.

Fournis en 24 heures et élevés à une hauteur réduite de 3 mètres au-dessus de la Seine.

La force dynamique est de...... 13,417,515

Qui, divisés par la force d'un cheval de vapeur représentée par 6,394 m. c. d'eau élevés à 1 m. en 24 heures, ci..   6,394

Donnent pour quotient un nombre de chevaux de vapeur de...............   2,098 chevaux.

A déduire pour la perte par l'emploi des machines hydrauli-ques environ les 2/5, ou......   840

Il reste pour la force utile...   1,258

La surface des eaux moyennes du bassin de la Villette étant à 25 m. 29 au-dessus du zéro de l'é-chelle du pont de la Tournelle, et à 22 m. au-dessus du bassin du Jardin du Roi, les 1,258 chevaux porteraient à ce niveau en 24 heures 19,042 pouces : déduisant pour la perte produite par le frottement dans les tuyaux environ le tiers, il restera 12,688 pouces de fontainier.

Cet aperçu du volume fourni et de la force motrice produite, fait connaître qu'au moyen du barrage de la Seine établi au Port-à-l'Anglais et du canal d'Ivry et de Grenelle, on peut alimen-ter d'eau de la Seine les quartiers les plus élevés, fournir à tous les usages des particuliers et des manufactures, à l'irrigation des plaines d'Ivry et de Grenelle, et au nettoiement des rues de Paris; on peut aussi porter au bassin de la Villette le volume nécessaire à la navigation des canaux de l'Ourcq et de Saint-Martin, dans le cas où le canal de l'Ourcq viendrait à chômer.

L'effet produit par les machines mues par les eaux de la Seine étant triple de celui donné par les 4,000 pouces dont la ville de Paris dispose au bassin de la Villette, on pourra, ainsi qu'on l'a proposé, faire en même temps le service de Paris et des campagnes environnantes, et fournir surtout des eaux abondantes à toutes les fabriques, qui se porteront dans les plaines d'Ivry et de Grenelle, et aux manufactures actuelles des faubourgs Saint-Marceau et Saint-Germain.

Il est nécessaire de faire remarquer que la puissance de 1,200 chevaux n'est donnée que pendant les 275 jours où la Seine ne s'élève pas à 2 m. 20 au-dessus de l'étiage; mais c'est alors seulement que Paris et les campagnes environnantes ont plus particulièrement besoin de distribution d'eaux; les rues sont alors remplies de poussière, les puits tarissent ou ne donnent que des eaux troubles et insalubres.

Il y aurait donc une interruption probable de service pendant 90 jours : mais, dans cet intervalle, le canal de la Villette et les ruisseaux affluents coulent à plein bord; les eaux alors diffèrent peu en qualité de celles de la Seine ; elles contiennent moins de substances calcaires qu'en été ; elles se clarifient dans le vaste bassin de la Villette, et peuvent être fournies pour tous les usages sans inconvénients.

On propose de distribuer des eaux de la Seine dans tous les quartiers de Paris par des machines hydrauliques, pendant neuf mois de l'année, au moyen du système de tuyaux adopté par le conseil général des Ponts-et-Chaussées, et d'employer le même système pour la distribution des eaux de l'Ourcq pendant trois mois d'hiver.

Le canal proposé de la Seine à la Seine n'est donc pas destiné à remplacer les canaux de l'Ourcq, de Saint-Martin et de Saint-Denis, mais à former un complément à ce grand ensemble d'ouvrages.

Les deux canaux de la rive droite et de la rive gauche formeront un canal de ceinture destiné à se suppléer pour les divers services de la navigation, de l'irrigation et de la distribution des eaux dans Paris.

Des considérations graves doivent déterminer à employer la force de la Seine et les eaux de cette rivière pour alimenter, pendant les dix mois les plus secs ou les plus chauds, les divers quartiers de la capitale. En été, les eaux de l'Ourcq étant moins abondantes qu'en hiver arriveront plus lentement, séjourneront plus long-temps dans les canaux et bassins, et deviendront insalubres.

Par les lois de concession, le canal St-Martin est doté, en pouces de fontainier, de.   1,500

Dont il faut retrancher les pertes par évaporation et filtration évaluées ensemble........   128

Il reste pour la navigation et pour les usines.............   1,372 p.

Ou environ en 24 heures ....   27,440 m. c.

Mais la surface de ce canal est de............... 97,988 m.

Et la profondeur de   2

Total du cube............   195,976 m. c.

Il faudrait donc 7 jours pour que les eaux en fussent complétement renouvelées, en supposant qu'elles s'écoulassent dans le même ordre, ce qui ne peut arriver ; car le courant s'établit dans l'axe du canal, et les eaux des bords restent long-temps stagnantes. Ainsi, les eaux du bassin du canal Saint-Martin, et particulièrement celles de la gare de l'arsenal, deviendront croupissantes, fétides, et nuiront à la santé des habitants. Ce qui est constaté, par l'expérience acquise dans des pays plus humides et moins chauds

4.

où les eaux s'altèrent plus lentement. On juge indispensable de renouveler la totalité des eaux du canal Saint-Martin trois fois par semaine, en employant à cet usage le volume de 4,000 pouces réservé par la ville de Paris. Il faudrait mettre d'abord à sec le bassin de l'Arsenal, le remplir par les autres bassins, et s'assurer ainsi du renouvellement total des eaux de chaque biez. Quelque grand que soit le mouvement de la navigation, on ne pourrait jamais, par les eaux des sassées, obtenir le même résultat.

Il paraît superflu de détailler les causes qui hâteront la corruption des eaux du canal Saint-Martin pendant les mois secs et chauds : l'expérience de plusieurs années confirme suffisamment les inquiétudes des riverains.

Pour estimer la valeur des chutes produites pour le barrage de la Seine, nous supposerons que les dépenses en constructions de machines hydrauliques ou à vapeur sont les mêmes, et que la valeur du revenu des chutes est égale à la dépense du combustible des machines de même force.

On sait, par un grand nombre d'expériences, qu'une pompe à feu de cent chevaux destinée à élever des eaux, travaillant 24 heures par jour et pendant 300 jours de l'année, 65 jours étant retranchés pour les fêtes et dimanches, et les temps d'interruption, par la trop grande élévation des eaux), dépense à raison de 84 kil. de charbon par cheval et par jour, ou 8,400 kil. pour cent chevaux par jour, qui, à 4 fr. les 100 kil. pris hors des barrières, font 336 fr. par jour, ou 100,800 fr. pour 300 jours de travail dans l'année, ou 1,008 f. par force de cheval, et avec les frais 1,200 f.

Les 2,098 chevaux, réduits à 1,258 chevaux utiles, à 1,200 fr. l'un, font.............. 1,709,600

Ce revenu suffirait pour payer et au-delà l'intérêt des fonds employés au canal, si l'administration de Paris laissait à la compagnie l'usage libre de cette puissance, en lui concédant le droit de vendre les eaux amenées ou élevées, à un prix beaucoup au-dessous de celui payé par les habitants.

Un pouce d'eau de fontainier fournissant 19,193 litres se vend maintenant, par les porteurs d'eau, à raison de 10 c. la voie de 23 litres, 30,448 fr. ; ou par un abonnement à l'année avec les fournisseurs, 15,000 fr. En réduisant à 1500 fr. le prix moyen d'un pouce d'eau, 4,000 élevés par les chutes donneront 6,000,000 fr. par an ; somme plus que suffisante pour acquitter les frais du canal, des machines et des tuyaux de conduite, et ceux de réparation et d'administration.

Les sommes annuellement payées aux 1,500

porteurs d'eau à tonneau, aux 2,000 porteurs (1) d'eau à bras, et aux propriétaires des machines à vapeur, s'élèvent à environ 6,500,000 fr., quoique la plupart des manufacturiers et habitants de Paris fassent usage d'eau de puits d'une mauvaise nature.

La dérivation des eaux de la Seine obtenue par le barrage serait donc favorable à la capitale, sous les divers points de vue de la navigation, de la salubrité et de la distribution des eaux.

---

(1) Des personnes habituées à combattre tout projet de perfectionnement témoigneront des craintes sur le sort des porteurs d'eau, qui perdront leur métier par le nouveau système de distribution d'eau dans les divers quartiers de Paris. Mais la dépense des ouvrages à faire en terrasse, pavage, fourniture et pose de tuyaux, etc., évalués ensemble 25 millions, donnera occasion d'employer tous les ouvriers sans occupation. Les porteurs d'eau, dont le nombre ne peut être réduit que d'année en année, deviendront terrassiers, paveurs, fondeurs, etc., et cesseront de remplacer les bêtes de somme. La capitale obtiendra enfin une amélioration dont jouissent depuis long-temps les villes et des villages mêmes de la Grande-Bretagne et des États-Unis d'Amérique. La distribution des eaux par des tuyaux de conduite procurera aux habitants une économie de plusieurs millions chaque année.

ÉVALUATION DE LA DÉPENSE DES TRAVAUX.

Ire BRANCHE.

Le projet a été divisé en deux sections principales :

1° Le canal de dérivation de la Marne ou de communication de la Marne à la Seine, depuis Chenevière jusqu'au Port-à-l'Anglais, avec un barrage éclusé sur la Marne;

2° Le canal de dérivation de la Seine, du Port-à-l'Anglais au boulevard du Jardin du Roi, y compris le barrage éclusé sur la Seine et les bassins de la plaine d'Ivry et du boulevard d'Austerlitz.

Nota. On ne fait point mention de la dépense des magasins à établir sur les bords des bassins, ces entreprises étant abandonnées aux spéculations particulières.

Ire SECTION.

CANAL DE COMMUNICATION DE LA MARNE A LA SEINE, DE CHENEVIÈRE AU PORT-A-L'ANGLAIS.

Ce canal a 13,945 m. de développement, ou trois lieues et demie de poste, et 20 m. (60 pieds) de largeur au plafond, 4 m. de tirant d'eau, 6 m. de profondeur depuis le fond jusqu'au couronnement des digues. On a donné à la digue droite 10 m. de largeur, à la digue gauche 30 m., aux talus 2 pour 1 à l'intérieur, et 1 1/2 pour 1 à l'extérieur. La distance entre les bords intérieurs des digues est de 44 m.

La surface de ce canal, des digues, et des talus et des terrains nécessaires à l'établissement des chantiers et fabriques, est de 141 hectares 95 centiares, ou 41,231 arpents de Paris de 3,418 m. 87 c. carrés l'un.

INDEMNITÉS DE TERRAINS.

140 hectares à acheter à 8,000 fr. l'un, terme réduit....	1,120,000	
12 *id.* à indemniser pour non jouissance, à 3,000 fr. l'un.........	36,000	1,222,000 fr.
Indemnités des plantations............	66,000	

A reporter..... 1,222,000

Report......   1,222,000

TERRASSEMENTS.

Mètres cubes de déblais et mètres cubes de remblais, y compris frais d'épuisement, ensemble.   1,462,822

TRAVAUX D'ART.

Barrage de la Marne, y compris les épuisements, accidents imprévus.............. 200,000 fr.

Indemnité de chômage. 20,000

Écluse de garde près de la Marne........ 86,000

Portes tournantes.. 20,000

Pontceau sur le Morbras.............. 10,000

Une écluse de 3 mètres de chute à établir à l'extrémité du canal. 270,000   1,138,000

8 maisons d'éclusiers ou de pontonniers à 4,000 fr. l'une...... 32,000

2 buses ou ponts canaux en maçonnerie à 50,000 fr. l'un.. ... 100,000

5 ponts tournants sur les grandes routes à 80,000 fr. l'un..... 400,000

Total du canal de la Marne à la Seine ou de la 1re section........ 3,822,822

2ᵉ SECTION.

CANAL DE DÉRIVATION DE LA SEINE, DU PORT-A-L'ANGLAIS AU JARDIN DES PLANTES.

La longueur de cette dérivation, du Port-à-l'Anglais au boulevard du Jardin du Roi, sera de 5,013 m., ou une lieue et un quart de poste.

Le canal, les docks exceptés, aura la même largeur dans le fond et le même tirant d'eau que le précédent, savoir : 20 m. (ou 60 pieds) au plafond, et 4 m. de tirant d'eau.

Les digues seront à 9 m. au-dessus du fond, et leurs bords intérieurs à une distance de 56 m.

Le bassin ou dock d'Ivry aura 1,200 m. de longueur sur 200 m. de largeur, un tirant d'eau de 4 m., avec talus à l'intérieur de 2 de base pour un de hauteur, et à l'extérieur de 1 et 1|2 de base pour 1 de hauteur.

Le projet de bassin du boulevard du Jardin du Roi, revêtu en maçonnerie, est un hexagone régulier de 120 m. de côté.

La surface de cette dérivation sera de 90 hectares, qui correspondent à environ 270 arpents de Paris, y compris les bassins, digues et docks de la plaine d'Ivry.

Les magasins à établir de chaque côté du bassin d'Ivry auront trois cours réguliers de 15 m. ou 45 pieds de largeur, et avec rues intermédiaires de 15 m. La largeur de chaque côté des magasins et rues sera de 105 m. Les terrains nécessaires à l'établissement des magasins étant laissés aux particuliers, leur estimation n'est pas comprise dans la dépense.

INDEMNITÉ DE TERRAINS.

10 hectares dans Paris, à 50,000 fr. l'un.	500,000	
80 hectares dans la plaine d'Ivry, à 36,000 f.	2,880,000	3,906,000 f.
Maisons à démolir dans Paris..........	502,000	
6 hectares pour non jouissance, à 4,000 fr..	24,000	

TERRASSEMENTS.

Mètres cubes de déblais et mètres cubes de remblais, y compris transport, épuisements, etc..... 2,706,832

TRAVAUX D'ART.

Barrage de la Seine, écluse en rivière, machines à vapeur pour

A reporter...... 6,612,832 f.

Report........		6,612,832 f.
les épuisements, batardeaux, etc. ensemble..........	2,090,000 f.	
Aquéducs, tuyaux traversant la Seine et faisant communiquer le canal de la Marne au canal de la Seine.	200,000	
Une écluse de garde et de prise d'eau, à l'entrée de la dérivation............	320,000	
4 Ponts tournants, à 80,000 fr. l'un....	320,000	
Écluse de 4 m. 50 de chute, à l'amont du pont d'Austerlitz, murs de quais du dock du Jardin des Plantes, aquéducs de la rivière de Bièvre, ensemble..........	1,050,000	
Portes tournantes.	20,000	
6 Maisons d'éclusiers et de pontonniers, à 4,000 f. l'une.	24,000	
A reporter.	4,024,000	6,612,832

Report . 4,024,000 f.   6,612,832 f.

Route pavée....... 200,000

    4,224,000   4,224,000 f.

Total de la 2ᵉ Section..   10,836,832

Id. de la 1ʳᵉ Section..   3,822,822

Dépense générale......   14,659,654

Frais de conduite des travaux, augmentation de dépenses pour l'achat des terrains, accidents imprévus par les crues des rivières, le tout évalué environ le 10ᵉ...   1,340,346

Dépense totale..   16,000,000

RÉCAPITULATION PAR NATURE DE DÉPENSES DE LA 1re BRANCHE.

INDEMNITÉS DE TERRAINS.

Superficie de la 1re partie, 140 hectares . . . .
Superficie de la 2e partie, 90 hectares . . . . } 230 hectares (1).

1re partie, dépense. 1,222,000
2e *idem* . . . . 3,906,000 } 5,128,000 fr.

TERRASSEMENTS.

1re partie 1,362,822
2e *idem* . . . . 2,706,832 } 4,169,654

TRAVAUX D'ART.

1re partie 1,138,000
2e *idem* . . . . 4,224,000 } 5,362,000

Total comme ci-dessus . . . 14,659,654

Frais de conduite des travaux, augmentation de dépenses pour l'achat des terrains, etc. 1,340,346

Dépenses à faire 16,000,000

(1) La superficie d'un bateau de la haute Seine est évaluée, terme moyen, à 150 mètres; en supposant les canaux et bassins aux trois quarts pleins (le quart de l'espace libre suffisant à la circulation des bateaux), les canaux et bassins pourraient constamment contenir 6,300 bateaux, c'est-à-dire, le tiers des trains ou bateaux qui arrivent maintenant par la haute Seine.

TARIF

DES DROITS A ÉTABLIR SUR LES DEUX BRANCHES
DU CANAL DE LA MARNE A LA SEINE, ET AU
JARDIN DES PLANTES.

———

Le tarif a été calculé d'après les droits ac-
cordés aux concessionnaires des canaux de Saint-
Denis et de l'Ourcq, exécutés aux frais de la
ville de Paris.

DROITS DE PASSAGE AUX ÉCLUSES, PAR TONNEAU
ET PAR ÉCLUSE.

1° Les pailles et autres fourrages,
les engrais, le sable, les moellons,
le plâtre, la pierre à chaux....... o f. o5 c.

2° Le bois à brûler, la pierre de
taille, le grès ou pavé.......... o o7 1/2

3° Le charbon de terre ou de bois,
le bois de charpente, les lattes, les
échalas, et généralement tous les bois
ouvrés, la chaux vive, la tuile, la bri-
que.......................... o 10

4° Le sel, la farine, le blé et autres grains, toute espèce de fruits,
ardoises, fonte de fer.......... o 15

5º Le vin, l'eau-de-vie, le vinaigre, les épiceries, et généralement
toutes les marchandises non portées
dans les articles précédents........ o f. 2o c.
6º Bateaux vides, par mètre carré..   o   o5

DROITS DE NAVIGATION PAR TONNEAU ET PAR DIS-

TANCE D'UN KILOMÈTRE.

1º Les pailles, fourrages, etc......   o f. o4 c.
2º Le bois à brûler, les pierres de
taille, le grès ou pavé ....   o   o8
3º Le charbon de terre, le charbon
de bois, etc......................   o   1o
4º La farine, le blé, et autres grains. o   2o
5º Vin, eaux-de-vie, vinaigre, etc. o   3o
6º Bateaux vides, par mètre carré.. o   o8

DROIT DE STATIONNEMENT.

Le maximum du droit de stationnement est fixé par jour, et pour chaque
mètre superficiel, à................   o   o4

Nota. Les droits fixés ci-dessus au passage des écluses et
du canal de dérivation, étant moins élevés que les péages
des ponts de Paris; le commerce suivra le canal de dérivation de Seine en Seine, et obtiendra, sur les frais de déchargement, une économie annuelle de deux millions.

PRODUITS ANNUELS ET BRUTS DES DROITS DE NAVIGATION ET DE STATIONNEMENT SUR LES CANAUX PROJETÉS.

PASSAGE AUX ÉCLUSES.

1° Paille et autres fourrages, engrais, sable, moellons, plâtre, pierre à plâtre, pierre à chaux, ensemble 40,000 tonneaux, passant à deux écluses, terme moyen à o f. o5 c. l'une, ensemble o f. 10, ci.   4,000

2° Bois à brûler, pierres de taille, grès, pavés, ensemble 5oo,ooo tonneaux, passant à deux écluses, à o fr. 07 1⁄2 l'une, ensemble o fr. 15 c., ci.   75,000

3° Charbon de terre, charbon de bois, lattes, échalas, bois ouvrés, chaux vive, tuiles, briques, etc., ensemble 45,ooo tonneaux, passant à deux écluses, à o fr. 20 c. l'une, et ensemble o fr. 20 c., ci.   9,000

4° Sel, farine, blé et autres grains, toute espèce de fruits,

A reporter.   88,000

Report......... 88,000

ardoises, fer de fonte, ensemble
15,000 tonneaux, à 0 fr. 15 c. par
écluse, et pour deux 0 fr. 30 c., ci. 4,500

5° Vin, eau-de-vie, vinaigres,
épiceries, et généralement toutes
les marchandises non comprises
dans les articles précédents, 70,000
tonneaux, a 0 f. 20 c. par écluse,
et pour deux, 0 fr. 40 c., ci.... 28,000

6° 500 bateaux vides, ayant,
terme réduit, une superficie de
150 m., à 0 fr. 05 par m., par
écluse, ou à 0 fr. 10 pour deux
écluses (ou à 15 fr. 00 par bateau). 7,500

A ajouter un sixième pour les
bateaux passant à trois écluses, ci. 33,740

**DROITS DE NAVIGATION SUR LE CANAL
DE DÉRIVATION ET SUR LES EM-
BRANCHEMENTS.**

On estime que chaque bateau,
indiqué ci-dessus, pourra parcou-
rir, terme moyen, une distance de
deux kil., et qu'on peut compter
la totalité des bateaux et des ton-
nages portés plus haut:

1° Paille et autres fourra-

A reporter....... 161,740

Report....... 161,740

ges, etc., 40,000 tonneaux à
o fr. 08 c., ci................ 3,200

2° Bois à brûler, pierres de
taille, etc., 50,000 tonneaux à
o fr. 16 c., ci................ 80,000

3° Charbon de terre et de bois,
45,000 tonneaux à o fr. 20 c., ci. 9,000

4° Sel, farine, blé, etc., 15,000
tonneaux à o fr. 40 c., ci....... 6,000

5° Vin, eau-de-vie, vinaigre, etc.,
70,000 tonneaux à o fr. 60 c., ci. 42,000

6° 500 bateaux vides de 150 m.
de superficie, à o fr. 16 c., ou à
24 fr. par bateau............. 12,000

DROITS DE STATIONNEMENT.

On évalue le nombre des bateaux en stationnement à 200,
non compris ceux en chargement et déchargement, la surface
moyenne étant de 150 m., ou ensemble 30,000 m. superficie, qui,
à o fr. 04 c. par m., font par jour
1200 fr., et pour 365 jours...... 438,000

REVENUS DU PONT.

Passage du pont en pierre établi sur le barrage, droits payés

A reporter....... 751,940

Report....... 751,940

sur les hommes et voitures, comme sur les ponts de la Seine, évalués ensemble à................... 36,400

REVENUS DES CHUTES D'EAU ET DE LA DISTRIBUTION DES EAUX.

On évalue le revenu des chutes employées à élever les eaux de la Seine et à les distribuer dans les divers quartiers, et déduction des frais de construction des bâtiments et machines, à............... 600,000

Total des produits bruts des droits................ 1,388,340

A déduire pour frais de réparation et d'entretien des canaux, bassins, barrages, ponts, routes, machines à élever les eaux, frais de perception et appointements des divers employés, ensemble.. 488,340

Produit net annuel..... 900,000

Le capital à dépenser est de... 16,000,000

Intérêt des fonds pendant l'exécution des ouvrages........... 2,000,000

Total......... 18,000,000

Le revenu net étant de 900,000 fr., l'intérêt est de 5 pour 100 par an. D'après ce résultat, la concession de l'entreprise doit être donnée à perpétuité comme en Angleterre, où le public pense que cette mesure est indispensable afin d'assurer le bon entretien des travaux publics.

CANAL DE LA PLAINE D'IVRY A LA PLAINE DE GRENELLE, A SÈVRES ET A SAINT-CLOUD.

2e BRANCHE.

Jusqu'ici nous n'avons décrit que la partie la plus facile, la moins coûteuse et la plus productive du projet, parce qu'une compagnie de capitalistes en prendrait la concession à ses frais, risques et périls, sans secours à recevoir de la part du gouvernement ou du département.

La seconde branche, faisant communiquer la haute à la basse Seine par les plaines d'Ivry, de Bièvre, de Grenelle et d'Issy, pourrait s'exécuter de la même manière, si les ouvrages n'avaient que les dimensions nécessaires aux besoins du commerce ; mais il nous semble indispensable d'envisager cette entreprise dans son ensemble, et de lui donner l'extension que réclament les intérêts de la capitale.

La note insérée à la fin du Mémoire sur les inondations de Paris, qui constate les désastres éprouvés en 1802, montre la nécessité d'en prévenir le retour ; c'est le résultat qu'on s'est proposé et qu'on est certain d'obtenir par les divers travaux indiqués, et particulièrement en ouvrant sur de larges dimensions un canal de dérivation de la plaine d'Ivry à la plaine de Grenelle.

L'inondation de 1802 couvrit un cinquième de l'enceinte de Paris, remplit les caves de la moitié de la ville, et causa la perte de cent bateaux. Plusieurs personnes perdirent la vie, et un grand nombre leur fortune. Les eaux interceptaient les routes, et les glaces renversaient les murs de clôture et des habitations. Les quartiers bas, les faubourgs de Bercy, de la Gare, les villages d'Ivry, d'Alfort, etc., furent abandonnés. L'inondation de 1807, quoique moins forte, occasiona de grands dégâts à Paris et dans les environs.

Les eaux, à ces diverses époques, s'élevèrent au-dessus du zéro de l'échelle du pont de la Tournelle, savoir :

$$\begin{array}{llll}
\text{En } 1807 & \text{à } 6 \text{ m.} & 66 \\
1802 & \text{à } 7 & 45 \\
1740 & \text{à } 7 & 90 \\
1658 & \text{à } 8 & 80
\end{array}$$

On a conclu de ces données que la hauteur des inondations diminue graduellement, et que Paris n'est plus exposé aux mêmes dangers. Le contraire serait plus facile à établir. En effet, le débordement de 1740 a été plus grand que ceux intermédiaires qui ont eu lieu de 1658 à 1740, pendant 160 ans; de même l'inondation de 1802 a été plus élevée que celles nombreuses entre 1802 et 1711; elle n'a différé de l'inondation de 1711 que de 0 m. 10 c., et de celle de 1740 que de 0 m. 45 c.

Les renseignements recueillis constatent que ces débordements sont occasionés par la coïncidence d'un dégel subit, des pluies abondantes et d'un vent violent d'ouest, et que ces grands désastres arrivent toujours plusieurs fois par siècle. Il semblerait, d'après le calcul des probabilités, qu'on doit en redouter de prochains, par cela même que les derniers sont plus éloignés de nous.

M. Égault, ingénieur en chef des Ponts-et-Chaussées, qui a dressé un excellent Mémoire sur les inondations de Paris en 1807, fait observer que, « s'il arrivait de nos jours une inon- « dation semblable à celle de 1658, une grande « partie de Paris, quoique son sol soit plus haut « qu'il n'était alors, se trouverait sous les eaux; « ce qui est facile à concevoir, puisqu'elles s'éle- « vèrent à 2 m. au-dessus de celles de 1807. »

Cependant jusqu'ici aucune précaution n'a été prise, aucun ouvrage n'a été entrepris pour garantir la capitale des nouveaux désastres que causerait un débordement beaucoup plus à redouter qu'autrefois.

Les habitants des rives de la Seine semblent montrer la même indifférence, la même imprévoyance que les habitants des Alpes et d'Italie, qui construisent leurs demeures sur les laves encore chaudes, sur les débris des avalanches qui ont englouti les maisons de leurs ancêtres. Nous voyons chaque jour des fabriques considérables, des magasins, des chantiers, s'établir sur les bords de la Seine, à Bercy, à la Gare, etc., où les eaux, de mémoire d'homme, se sont élevées de 15 pieds au-dessus du sol, ont renversé les murs de clôture, des maisons, et compromis l'existence de beaucoup de familles qui n'ont échappé que par une espèce de prodige.

La capitale nous semble exposée à de plus grands dangers, depuis l'exécution des ponts d'Austerlitz, des Arts, d'Iéna, de Passy, et des quais étendus qui rétrécissant le lit du fleuve, diminuent la vitesse et l'écoulement. Les eaux retenues s'élèveront plus rapidement et à une plus grande hauteur, pénétreront dans les quartiers bas par les ports submersibles de la Rapée, de Bercy, etc., rempliront les caves et les rues, et occasioneront des pertes incalculables. Il est même probable qu'une inondation extraordinaire qui coïnciderait avec la débâcle des glaces occasionerait la chute de plusieurs ponts, et particulièrement des ponts Royal et de la Tournelle, dont les débouchés ont toujours été considérés comme insuffisants. Les décombres intercepteraient le courant, feraient élever les eaux à une plus grande hauteur, et augmenteraient encore les désastres.

Il serait sans doute superflu de prévoir de pareilles catastrophes, si on jugeait impossible de les prévenir ; mais nous avons la conviction que, par des travaux de quatre campagnes et d'une dépense moindre que celles faites par la ville de Paris, pour des embellissements, pour des monuments d'architecture, on garantirait à jamais la capitale de l'intensité et du danger des inondations.

Des ouvrages analogues, plus difficiles, plus coûteux, moins nécessaires, ont été entrepris par les États d'Allemagne, de Hollande, d'Italie, d'Angleterre, d'Amérique, aux frais de quelques villes : d'autres plus considérables furent exécutés par la France au dedans et au dehors, dans l'unique but d'assurer la viabilité de quelques portions de route, comme au Mont-Cenis, au Simplon, ou d'étendre la navigation intérieure, comme aux canaux de Saint-Quentin, de Languedoc.

L'administration française actuelle serait-elle plus timide à cette époque heureuse où l'influence d'une législation régulière met à sa disposition, par la confiance qu'elle inspire, la fortune de tous les capitalistes ? Voudrait-elle prendre la responsabilité (1) de nouveaux désastres, et empêcher Paris d'étendre son commerce, de rivaliser avec les villes de nos voisins, où l'on ouvre chaque année des docks considérables, source de prospérité pour toutes les branche de fabriques?

Le projet a été rédigé dans deux hypothèses : si l'administration offre de payer l'excédant des dépenses à faire pour prévenir les inondations, on donnera au canal de grandes dimensions ; si l'entreprise est laissée entièrement à la charge de la compagnie, on diminuera la largeur de la dérivation, en adoptant celle des canaux de St-Denis et de St-Martin.

Nous avons dressé les devis estimatifs dans les deux suppositions.

---

(1) Les droits prélevés sur les bateaux en stationnement dans les gares de Paris, sont principalement destinés à payer les dépenses faites pour les garantir des débâcles, et à rembourser une partie des pertes causées par les glaces ou les grandes eaux. Si la ville n'ordonnait pas les travaux qui doivent prévenir les débordements, les propriétaires riverains de la Seine dans les plaines de Maison, d'Ivry, de Bercy, qui seraient ruinés par les débâcles, n'auraient-ils pas le droit de réclamer des indemnités?

DISPOSITIONS ET AVANTAGES DE LA DÉRIVATION DANS LA PLAINE DE GRENELLE.

Au milieu de la plaine d'Ivry et sur le canal de dérivation de la Seine, on ouvrirait un bassin demi-circulaire de 100 m. de rayon, d'où partirait une branche traversant la montagne de la Maison-Blanche, et débouchant dans le vallon de la Bièvre au petit Gentilly. Dans la prairie de la Bièvre, il serait creusé un bassin hexagone de 100 m. de côté : de ce bassin, le canal traverserait la montagne du petit Montrouge, et arriverait dans la plaine de Grenelle, au bassin de ce nom également hexagonal de 150 m. de côté. Du bassin de Grenelle, le canal irait joindre le bras des Moulineaux, qui serait élargi, approfondi, endigué jusqu'à Sèvres, où l'on construirait un sas double pour descendre en Seine. On établirait des écluses simples de décharge, destinées à écouler une portion des eaux du fleuve dans le bras principal de la plaine de Grenelle, et à faire mouvoir des usines.

Le premier souterrain aurait 1,100 m. de longueur, et le second 3,200 m. Le canal serait creusé à 1 m. 50 c. au dessous du zéro du pont de la Tournelle, et aurait partout dans le fond,

même dans les souterrains, 20 m. de largeur,
pour écouler un plus grand volume d'eau.

On donnerait à la voûte du souterrain 25 m.
de diamètre, savoir : 20 m. pour le passage des
bateaux, et 2 m. 50 c. de largeur à chaque chemin de halage.

Comme la plus grande élévation du sol est de
40 m. au-dessus du fond du canal, on pourrait
aussi ouvrir le canal à ciel ouvert sur presque
toute l'étendue ; on ne ferait de voûte que pour
le passage des grandes routes.

Les ponts seraient composés chacun de cinq
passages ; savoir, quatre arches en maçonnerie
de 5 m. d'ouverture, et un pont mobile dans le
milieu, de 8 m. d'ouverture.

Ce canal de dérivation donnant un débouché
égal au sixième de l'ouverture du Pont-Royal,
et tombant beaucoup au-dessous de Paris, dimi-
nuerait d'un mètre la hauteur des inondations
supérieures. La suppression de l'estacade ferait
aussi tomber les eaux dans les grandes crues
de 0 m. 80 c. Ainsi les quartiers bas de Paris,
et surtout les établissements de Bercy, de Charenton, et les plaines de Choisy et de Maisons,
se trouveraient garantis des inondations.

Pour compléter l'entreprise, il faudrait achever les quais dans Paris, les élever partout au-
dessus des inondations, établir aux égouts des
vannes pour fermer toute communication entre

la Seine et Paris pendant les débordements, et ouvrir dans les rues basses, au-dessous du niveau des caves, un aquéduc qui conduirait les eaux de filtration à des machines qui maintiendraient les quartiers bas constamment à sec.

L'examen des plans et dessins du projet donnera la conviction qu'après l'exécution des ouvrages, aucun point de Paris ne serait plus exposé aux inondations, fussent-elles aussi élevées qu'en 1740, ou même en 1658.

Le canal proposé procurerait encore d'autres avantages, qui devraient seuls en déterminer l'exécution.

Le niveau des eaux étant plus élevé que les plaines d'Ivry, de Grenelle, d'Issy, ces campagnes, maintenant arides et peu productives, seraient arrosées et transformées en belles prairies, en jardins potagers d'un produit beaucoup plus considérable.

La rivière des Gobelins, dont les eaux sont fétides en été, prendrait son cours par la plaine de Grenelle, et les eaux de la Seine seraient déversées dans le faubourg Saint-Marceau, dans le lit de la Bièvre, convenablement élargi et approfondi. La population du faubourg le plus commerçant de Paris aurait, en toute saison, des eaux courantes, abondantes et salubres, et une bonne navigation.

La dérivation prolongée jusqu'à Sèvres et Saint-

Cloud établirait une communication rapide et commode, au moyen de bateaux à vapeur entre ces villes et la capitale. Les vins et les marchandises, maintenant transportés par voiture de Neuilly et de Sèvres à Paris, arriveraient en bateau, en quelques heures, jusque dans l'intérieur de l'entrepôt de la ville. On éviterait ainsi des transports inutiles, incommodes et très-chers, qui obstruent les routes et les rues, et sont en outre préjudiciables au commerce et aux consommateurs.

Les fabriques, les chantiers et entrepôts, maintenant établis dans l'intérieur de la capitale sur un sol d'un grand prix, seraient reportés sur les bords du canal de dérivation, dans les plaines d'Ivry et de Grenelle, où le terrain de moindre valeur est plus convenable pour le chargement et déchargement, et la conservation des marchandises.

Le canal de dérivation de la Seine du Port-à-l'Anglais à la plaine de Grenelle et à Sèvres, remplirait sur la rive gauche le but qu'on s'est proposé sur la rive droite, en ouvrant les canaux de l'Ourcq, de Saint-Denis et de Saint-Martin; il fournirait des eaux salubres dans les divers quartiers de Paris, de Vaugirard, de Saint-Cloud, au moyen des chutes de la Seine employées sur ces divers points à élever les eaux de la rivière; il donnerait aux propriétaires des terrains de la rive gauche de la Seine un bénéfice de plus de cinquante millions, par l'augmentation du sol aux abords du canal (1).

Ainsi, le canal de dérivation de la Seine, ouvert sur de grandes dimensions, servirait tout à-la-fois à prévenir les inondations, à arroser les campagnes, à distribuer de l'eau dans les divers quartiers de Paris, et à reporter au dehors les chantiers et ateliers qui encombrent la capitale.

Les plans et détails estimatifs indiquant les détails de l'entreprise, nous nous bornerons à faire connaître le montant sommaire des dépenses.

---

(1) L'ouverture des canaux de l'Ourcq, de Saint-Martin, de Saint-Denis, a donné aux propriétés riveraines une augmentation non fictive, mais réelle, de plus de cent millions, par l'influence des avantages que procure la navigation.

Ainsi, dans le cas même où l'administration ne retirerait aucun revenu direct de ces grands travaux, le public, qui les a payés quarante millions, aurait obtenu soixante millions de bénéfices; le gouvernement touche en outre, par les mutations des propriétés riveraines, un bénéfice annuel de plus d'un million. Enfin la ville a occupé pendant vingt ans des milliers d'ouvriers, qu'elle aurait dû soutenir par des aumônes. Si la répartition des bénéfices n'a pas été égale et uniforme comme les charges, les résultats pour la communauté sont aussi heureux. Il est à désirer que la ville ait toujours de grands ateliers ouverts aux ouvriers malheureux.

ÉVALUATION DE LA DÉPENSE DE LA 2ᵉ BRANCHE, EXÉCUTÉE EN GRANDES DIMENSIONS, DU BASSIN DE LA PLAINE D'IVRY A LA PLAINE DE GRENELLE ET A SÈVRES.

———

INDEMNITÉ DE TERRAIN.

15,000 mètres de longueur de canal, d'Ivry au bassin de Saint-Cloud. Valeur des terrains, maisons, ensemble............. 6,000.000f.

TERRASSEMENT.

Déblais du canal en plaine, des bassins, des tranchées, remblais, ensemble.................... 4,000,000

TRAVAUX D'ART.

1° Souterrains de 1,100 mètres de longueur, et de 25 mètres de diamètre d'ouverture, à 1500 fr. par mètre courant.... 1,650,000

2° Souterrains de 3,200 m. de longueur, et de 25 m. d'ouverture, à 1,500 fr. par mètre courant........... 4,800,000 } 6,450,000

____

Report........6,450,000　10,000,000

Report.	6,450,000	10,000,000 f.
4,000 mètres de mur de quai, autour des bassins, à 200 fr. le mètre courant.	800,000	
2 sas accolés sur la Seine, écluses de décharge, radier, avant-radier, etc.	700,000	9,150,000
20 ponts de 4 arches en maçonnerie, avec pont-levis au milieu, à 60,000 fr.	1,200,000	
Machines à épuiser, frais de conduite, accidents imprévus, etc. . .		1,850,000
1re branche en grandes dimensions.		16,000,000
Branche allant du bassin du jardin des Plantes à l'entrepôt de vins.		1,000,000
Total de la dépense en grandes dimensions		38,000,000

2e HYPOTHÈSE.

Les canaux de la Marne à la Seine, et de la Seine à la Seine, suivant les mêmes tracés, mais en réduisant le fond du canal à dix mètres, les bassins et docks à une superficie moindre, et l'ouverture des souterrains à 11 mètres.

La 1re branche coûterait..... 7,000,000 f.
La 2e branche............... 8,000,000
Le bras de l'entrepôt. 600,000

Total de la dépense des deux branches en moyennes dimensions... 15,600,000

Nota. Les droits de navigation et de stationnement à établir sur la 2e branche seront les mêmes que sur la 1re branche ; les produits ne sauraient être déterminés d'une manière approximative, parce qu'il n'existe pas de navigation ascendante de Grenelle à Ivry, par suite du rétrécissement du lit du fleuve et de sa rapidité dans la traversée de Paris.

RÉPARTITION DE LA DÉPENSE ET MODE D'EXÉCUTION DES TRAVAUX.

Si la ville de Paris juge utile d'avoir des bassins éclusés, des docks, des chantiers, si elle croit nécessaire de prévenir les inondations et les désastres qui ont lieu plusieurs fois chaque siècle, il est indispensable qu'elle paie l'excédant des dépenses occasionées par l'augmentation des dimensions du canal, des bassins, des ports, et surtout des souterrains; la différence qui est de 22,400,000 fr. doit être mise à sa charge.

Cette somme n'est peut-être que l'équivalent des pertes occasionées par un seul débordement dont la capitale se trouverait à jamais garantie. Il semble que, par un principe incontestable de justice, elle doit être tenue de procurer au faubourg Saint-Germain et à la rive gauche de la Seine les avantages obtenus par les canaux de l'Ourcq, de Saint-Martin et de Saint-Denis, payés par la population entière, et exclusivement profitables aux habitants de la rive droite.

Dans le cas où la ville refuserait de concourir aux frais de construction du canal, les dimensions seraient réduites, ainsi que les dépenses, et une compagnie se chargerait des ouvrages, à ses frais, risques et périls. Nous n'avons présenté le projet qu'après nous être convaincus de la possibilité de réunir les fonds nécessaires à son exécution.

L'utilité du projet paraîtra suffisamment constatée, lorsqu'on produira les déclarations des principaux propriétaires des domaines que la ligne traverse, qui offrent de fournir les terrains nécessaires aux ouvrages, et d'en laisser le montant dans la concession.

Mais les grandes améliorations ordonnées par l'administration de Paris, dans l'intérêt de quelques quartiers, donnent la garantie qu'elle ne refusera pas de concourir à une entreprise d'une utilité plus générale, reconnue comme importante par les premières autorités. Elle ne manquera pas l'occasion de créer des canaux, des docks, qui ont contribué à porter le commerce des principales villes d'Angleterre, de Hollande et des États-Unis, au plus haut degré de prospérité.

M. le directeur-général des Ponts-et-Chaussées et des Mines ayant donné son adhésion aux projets, nous nous occupons de former définitivement la liste des propriétaires et capitalistes qui prendront l'engagement d'exécuter les ouvrages à leurs frais, risques et périls, d'après les conditions générales des concessions.

RÉPONSE

AUX OBJECTIONS QUI POURRONT ÊTRE FAITES AU PROJET PROPOSÉ.

———

1re Objection. *Le canal de la Marne à la Seine n'est pas nécessaire, puisque le canal de Saint-Maur facilite la navigation de la Marne et abrége le trajet. Le canal de l'Ourcq, d'ailleurs, communique avec la Marne, et peut suppléer aux inconvénients de cette navigation.*

Réponse. La navigation ascendante de la Marne est impraticable aux bateaux chargés : pour l'améliorer, il faudrait ou détruire la gare de Charenton, ou exécuter sur la rive gauche des travaux, qui coûteraient plus que la dérivation projetée. Le canal de la Marne doit d'ailleurs servir à arroser les plaines de Choisy et d'Ivry, et à fournir des eaux courantes dans les principales rues du faubourg Saint-Germain.

Le canal de l'Ourcq a de trop petites dimensions pour recevoir les bateaux de la Marne. L'ancien canal est à refaire.

Le canal de la Marne à la Seine est surtout destiné à recevoir les bateaux chargés de charbon de terre, de sel, et de marchandises de toute nature qui vont de la Loire dans l'intérieur, à servir de gare, et à fournir des eaux plus élevées que le sol.

2ᵉ OBJECTION. *Il existe des gares à Choisy, à Charenton, sur la haute Seine; à Grenelle, etc., sur la basse Seine.*

RÉPONSE. Les gares existantes ou projetées ne peuvent contenir mille bateaux , et il arrive chaque année vingt mille bateaux ou trains. Le plus grand nombre des bateaux, chargés de charbon de terre et de bois et autres marchandises, attendent, sur le canal de Loing , plusieurs mois, plusieurs années même , le moment de la consommation, et sont exposés à beaucoup d'avaries. Ils doivent long-temps stationner ensuite aux abords de Paris, et près des chantiers et magasins où les chargements et déchargements sont faciles.

Les gares actuelles, n'étant pas bordées de terrains aussi élevés que les inondations, n'offrent pas d'emplacements convenables et suffisants à l'établissement des chantiers et magasins. Ces gares en rivière où le niveau des eaux varie, où les troubles et les glaces pénètrent, sont exposées à des avaries qu'on prévient dans les bassins éclusés. Si le grand canal est destiné à l'écoulement d'une portion de la Seine pendant les débordements, les bateaux se placeront alors dans les bassins séparés.

Quoiqu'il existe vingt-deux docks à Londres ,

huit à Édimbourg, etc.; cependant on ouvre encore de nouveaux bassins dans ces villes, où le tonnage des marchandises importées est moindre qu'à Paris.

3e OBJECTION. *Le bassin de la Villette, le canal Saint-Martin, doivent être considérés comme des gares qui suffiront au commerce de Paris.*

RÉPONSE. Les ports du bassin de la Villette et du canal Saint-Martin ne peuvent être utiles qu'aux quartiers traversés ou à ceux du voisinage; les terrains qui les bordent ont une trop grande valeur pour que l'intérêt soit payé par la location de chantiers et d'entrepôts. Les ports du canal Saint-Martin sont intérieurs, et le commerce préfère les bassins extérieurs où l'on n'est pas tenu de payer les droits d'octroi. Aucune fabrique considérable ne pourrait prospérer dans l'intérieur de Paris, en raison du montant des droits d'entrée très-élevés qu'il faut payer.

Les habitants de la rive gauche ne peuvent s'approvisionner au port de la Villette, beaucoup trop éloigné. Les ports de la Seine ont mille inconvénients que nous avons signalés. Il faut au commerce des bassins éclusés dans les plaines d'Ivry, de Grenelle, au Jardin des Plantes, pour faciliter l'arrivage des marchandises nécessaires à la consommation de la moitié de la capitale.

4e OBJECTION. *Les compagnies propriétaires*

*des anciennes gares s'opposeront à l'établisse-
ment de nouveaux bassins.*

RÉPONSE. Ces compagnies ne peuvent recevoir dans leurs gares la dixième partie des bateaux qui arrivent à Paris; ils n'ont donc pas intérêt à empêcher l'ouverture de nouveaux bassins destinés aux autres bateaux. La gare de Charenton n'a que la capacité nécessaire aux besoins des fabriques et des entrepôts de cette ville ; les grandes fabriques qui s'établiront à Ivry augmenteront la valeur de la gare de Charenton.

La gare de Grenelle ne peut suffire qu'aux bateaux destinés aux établissements riverains; elle ne pourrait recevoir les bateaux maintenant déchargés à Ivry et dans les ports intérieurs de Paris.

Les nouveaux bassins ne sont destinés qu'à remplacer les ports incommodes, et souvent si dangereux de la Seine, où les glaces et les débordements occasionnent de grands désastres. (Voir la note sur les inondations.)

Les compagnies des vingt-deux docks de Londres avaient beaucoup plus d'intérêt et de motifs à faire valoir pour empêcher de nouveaux établissements; cependant on ouvre encore, dans ce moment, de nouveaux docks à Londres et à Liverpool, où les arrivages sont moins considérables qu'à Paris.

Toutes les améliorations qu'on propose donnent

lieu aux mêmes objections et oppositions. Il faut ou laisser un champ libre aux entreprises, lorsque l'utilité en est reconnue, ou renoncer à lutter, dans les diverses branches de manufactures, avec les nations voisines, qui mettent moins de temps à exécuter les travaux réclamés par le commerce, que nous n'en employons à les discuter.

Le canal projeté n'est pas seulement une vaste gare ; c'est une communication de la haute à la basse Seine, qui facilitera l'arrivage des marchandises, empêchera les avaries, et réduira les frais de transport.

Lorsqu'un bras du canal entrera dans l'entrepôt des vins, le commerce adoptera exclusivement cet établissement, et la ville retirera de plus grands revenus.

Enfin, si le canal projeté est ouvert avec de grandes dimensions, on ne craindra plus les désastres causés par les débordements ; avantage qui motive suffisamment l'entreprise, et que nul autre projet ne pourrait également procurer.

A diverses époques, l'administration avait cherché les moyens de donner un autre cours à une partie des eaux de la Seine, pour diminuer la hauteur des débordements. On avait proposé de détourner la Marne et de la jeter vers Saint-Denis ; mais on a reconnu que les dépenses seraient excessives.

On voulait aussi prendre la Seine à Bercy, la dériver dans l'intérieur de Paris, et la jeter vers Chaillot; il fallait détruire les quartiers les plus peuplés, et payer des indemnités considérables; les eaux, d'ailleurs, retombant près et dans un bras peu ouvert, auraient nécessairement reflué dans l'intérieur. Ce projet est moins praticable depuis l'exécution des ponts d'Iéna et de Passy, et des quais qui retiennent le lit du fleuve.

Le but qu'on se proposait alors, et qu'il est plus essentiel encore de remplir maintenant en raison de l'accroissement progressif de la capitale, ne peut être obtenu, à notre avis, que par la dérivation dont nous avons présenté les plans et devis estimatifs.

5ᵉ OBJECTION. *Des galeries souterraines de 1,100 m. et de 3,200 m. de longueur sur 25 m. de diamètre, à ouvrir dans un sol remué, paraissent d'une exécution presque impossible, ou du moins les dépenses dépasseraient toutes ces évaluations; ainsi que l'exemple des canaux de Saint-Maur et de Saint-Quentin le fait craindre.*

RÉPONSE. Un canal souterrain à creuser à travers une montagne remuée et bouleversée présentera sans doute des difficultés; mais, dans l'état actuel de la science de l'ingénieur, les difficultés peuvent être prévues, calculées et vaincues dans un temps et avec des dépenses déterminées, et, pour ainsi dire, invariables entre certaines limites rapprochées et fixées d'avance.

Si le canal n'est destiné qu'à la navigation, si on ne donne que 5 m. au rayon de la voûte, le travail sera fait, avec autant de facilité que les galeries, à travers les montagnes qui entourent Paris, par de simples ouvriers et dans l'unique but d'extraire des matériaux. Les pierres retirées remboursent la totalité des dépenses.

Si le canal est ouvert pour détourner une partie du cours du fleuve, si on donne aux voûtes 10 à 12 m. de rayon, la tâche sera plus difficile, plus coûteuse, mais aussi exactement remplie.

On commencera par ouvrir, dans la direction et l'emplacement des pieds-droits des voûtes, deux galeries de 5 m. de large, qui seront en maçonnerie jusqu'à la hauteur des chemins de halage, et avec une épaisseur de 5 m.; savoir, 2 m. 50 pour le chemin de halage, et 2 m. 50 pour les pieds-droits de la voûte : la maçonnerie sera faite en pierre de meulière et mortier de chaux hydraulique.

A partir du chemin de halage, on pratiquera une galerie demi-circulaire, qui sera déblayée de 5 pieds de hauteur, et au-dessus du cercle de la voûte. Sur le massif inférieur, on tracera avec précision la courbure du cylindre de la galerie, et on exécutera les cintres avec des planches posées et fixées régulièrement sur le sol avec des crosses, et recouvertes d'une aire de béton. Le plafond sera retenu au moyen d'un bordage de madriers et de poteaux posés à des distances rapprochées et déterminées par la ténacité du sol.

Puisque le terrain remué porte maintenant le sol supérieur, il pourra de même soutenir, sans compression sensible, la charge de la maçonnerie de la voûte, qui pèsera beaucoup moins que les déblais enlevés.

Pour faciliter les ouvrages, on ouvrira, de chaque côté, et en dehors des culées, des puits de 100 à 100 m. de distance de chaque côté. Ils seront maçonnés, ou pratiqués dans le rocher, si on trouve que la consistance est suffisante. On marchera d'un puits à l'autre par des tranchées ouvertes dans la direction de la courbure de la voûte, et dans celles des pieds-droits et des puits.

Lorsqu'on aura terminé la galerie entre deux puits, on commencera à maçonner, à partir du milieu de la distance. Les voûtes étant faites, on posera des poteaux sur la voûte même, pour soutenir le terrain, et, après avoir successivement retiré les bois partout où le terrain montrera assez de consistance, on remplira le vide par des déblais tirés des excavations voisines.

Lorsque la totalité de la maçonnerie aura été

ainsi terminée, on la laissera quelques mois sé-
cher; on procédera à l'enlèvement des terrassements intérieurs, qui auront ainsi servi à former
les cintres des voûtes, pour éviter des tassements
considérables et inégaux; les déblais seront con-
duits avec régularité et symétriquement des deux
côtés.

La maçonnerie de la voûte sera totalement
faite avec des pierres de meulière ou de roche
et en mortier de chaux hydraulique; le tout sera
recouvert d'une couche générale de béton, fait
de même avec de la chaux hydraulique. Ces précautions préviendront les filtrations, les tassements, et tous les accidents qui ne manquent
pas d'arriver lorsque le mortier est de mauvaise
nature.

Comme les déblais ne seront entrepris qu'entre
deux portions de voûte, et que la couche supérieure aura peu d'élévation et de poids, les accidents qui pourraient arriver ne sauraient être
d'une grande gravité, les éboulements coniques
dans les terrains excavés ayant d'autant moins
de section qu'ils approchent plus de la surface.

On pourrait, au lieu d'une seule galerie, en
établir trois de 10 m. de diamètre, avec deux
chemins de halage de 1 m. 5o. Dans les plus
plus grandes eaux, le tirant d'eau serait de 10 m.
la section de 270 m. c. la vîtesse de 2 m. et la

dépense par seconde de 540 m. où les $\frac{2}{7}$ de la dépense totale de la Seine évaluée à 18,000 m. par seconde.

Les travaux d'une coupure sur toute la ligne ne coûteraient pas plus qu'une galerie; mais il faudrait beaucoup de ponts aux abords de la capitale, où les routes viennent converger : on juge préférable d'ouvrir une galerie, qui est un pont d'une grande largeur.

Quelque méthode qu'on suive, d'après l'expérience acquise, on est certain, dans un temps donné et au moyen de l'évaluation portée dans le devis, de conduire cette entreprise à une heureuse fin. On a pour garantie les travaux analogues exécutés dans vingt localités différentes et dans les circonstances les plus difficiles.

OBSERVATIONS EN RÉPONSE A D'AUTRES OBJECTIONS.

Lorsque le projet présenté sera connu, les personnes dont les intérêts sembleront lésés chercheront à empêcher son exécution; les plus habiles n'opposeront que des objections extraordinaires et les plus vagues, qui manquent rarement d'appeler le doute, par cela même qu'il est impossible de les saisir et d'y répondre. Ils déclareront les travaux impossibles, sans s'enquérir si d'autres ouvrages plus considérables n'ont pas été récemment entrepris et heureusement achevés : ils prétendront que les dépenses sont excessives, sans entrer dans les détails des calculs; que les produits ne paieront pas l'intérêt des fonds, sans tenir compte de l'offre faite par une compagnie d'exécuter à ses frais, risques et périls.

Tout projet proposé qui dépasse les limites ordinaires et qui fixe l'attention par sa nouveauté, ne manque jamais de soulever la critique; à chaque nouveau projet de pont ou de canal, les hommes pour qui la France est renfermée entre les barrières de Paris, ou même entre les boulevards et les quais, déclament contre ces entreprises nouvelles, soutiennent que les rivières seront couvertes de ponts, et les départs coupés de canaux : s'ils avaient le courage de voyager en hiver dans l'horizon que dominent les tours de Notre-Dame, et toujours en vue des monuments de Paris, ils trouveraient des chemins vicinaux impraticables, des bacs d'un accès difficile, des campagnes sous l'eau, les routes royales couvertes de voitures lourdes qui interceptent le passage : en s'éloignant à quelques lieues, ils jugeraient que l'Ile de France, le cœur du royaume, reste, sous le point de vue des communications, dans l'état des siècles et des pays barbares.

On ne rencontre jamais des hommes sensés

qui se prétendent mathématiciens, physiciens, chimistes, ingénieurs militaires, ingénieurs constructeurs de vaisseaux, ingénieurs des mines, s'ils n'ont fait de ces sciences l'objet de leurs études; cependant, par un privilége particulier, il en est beaucoup qui se jugent plus habiles que les ingénieurs des Ponts-et-Chaussées (1), dans un art où toutes ces connaissances sont indispensables.

Si des entreprises confiées à des hommes très-instruits qui n'étaient que mathématiciens, ou chimistes, ou minéralogistes, n'ont pas réussi, ces exemples montrent mieux la nécessité et la puissance de l'expérience. Mais on ne cite en France que les accidents arrivés; on ne tient

____

(1) L'école Polytechnique fournit aux Ponts-et-Chaussées plus d'élèves qu'aux autres services, et les meilleurs élèves; dès leur entrée dans la carrière, leur vie, toujours occupée, est une étude continuelle. La France possède maintenant plus d'ingénieurs très-habiles que le reste de l'Europe. Cependant on reproche aux Ponts-et-Chaussées l'état des routes, de la navigation, des ports, etc., sans prendre en considération qu'aucun ingénieur de ce corps, et par exception, ne se trouve aux Chambres, au Conseil du roi; qu'on ne les a jamais consultés sur les questions les plus importantes, qu'eux seuls pourraient éclaircir; que les sommes consacrées aux travaux publics en France, chaque année, ne sont pas la trentième partie de celles dépensées en Angleterre sur une étendue de moitié plus petite.

aucun compte des monuments utiles, anciens
et nouveaux, élevés par les Ponts-et-Chaussées,
que les étrangers viennent admirer; on parle
sans cesse et avec admiration des entreprises de
l'étranger, qui seraient appelées impossibles ou
insensées, si elles étaient tentées en France par
des ingénieurs français.

COMPARAISON ENTRE PARIS ET LONDRES, ET QUELQUES VILLES DE L'ANGLETERRE, SOUS LE POINT DE VUE DE LA NAVIGATION, DE LA DISTRIBUTION DES EAUX, ET DE L'ÉTABLISSEMENT DES PORTS ET BASSINS ÉCLUSÉS.

La marée, qui s'élève à Londres de 3 m., porte les navires jusques aux quais bordant le cours du fleuve, et facilite leur entrée dans les dix-neuf docks ou bassins éclusés, tous placés à l'aval des ponts de cette ville.

Plusieurs de ces docks ont de 24 à 30 arpents de superficie, et comprennent, dans l'enceinte de leurs murs, des caves, des magasins et hangars, etc., assez spacieux pour recevoir en dépôt les marchandises des diverses parties du monde.

Les revenus payés par les bâtiments en stationnement et par les marchandises en magasins suffisent pour rembourser aux compagnies propriétaires l'intérêt du capital, évalué à 800 millions de francs.

On a établi de même dans les autres ports d'Angleterre des docks considérables; on en compte huit à Liverpool, dix à Édimbourg, etc.

Les rivières passant près des principales villes ont été canalisées par des écluses ou dérivées par des canaux qui conduisent les eaux dans les divers quartiers. Lorsque les rues sont plus élevées que les bassins, des machines hydrauliques ou à vapeur d'une grande puissance portent les eaux sur les points culminants de ces villes, dans les étages de chaque maison. On choisit toujours pour cet usage les eaux les plus pures, amenées par des aquéducs ou par des tuyaux de points souvent très-éloignés.

Ces améliorations, nécessaires à la santé et aux jouissances des habitants, sont également favorables aux diverses branches du commerce. Au moyen des tuyaux de conduite qui parcourent les quartiers, chaque particulier dispose à son gré, pour un prix déterminé, du volume d'eau nécessaire à la consommation de sa maison et de ses usines; il trouve dans les docks, à des prix réguliers, des matières premières, qu'il peut acheter successivement et sans avance de capitaux. Il vend de même, dans les magasins des docks, les ouvrages fabriqués, aussitôt qu'ils sont achevés, et évite ainsi les pertes d'intérêts. Au moyen de ces entrepôts, d'une bonne navigation, et de l'application de machines plus perfectionnées, les produits des fabriques anglaises s'obtiennent et se vendent à meilleur marché, et sont préférés, sur les marchés du monde, aux marchandises de tous les autres états.

Les entrepôts des docks où sont les marchandises importées ou à exporter sont clos, couverts et voisins des bassins ; les chargements et
déchargements se font à peu de frais, sans perte,
et sous la surveillance et avec la responsabilité
de la Compagnie : on ne craint ni les avaries
ni les retards que supporte le commerce dans les
ports du continent.

Les droits de douane ou d'entrée ne se per-
çoivent qu'au moment de la consommation ;
ainsi les marchandises ne sont pas augmentées
de l'intérêt des sommes avancées par les négociants, mais seulement du montant de la somme
payée à l'État.

La Seine dans Paris et sur tout son cours est
encore dans l'état de nature : pendant plusieurs
mois, le fleuve reste à l'étiage et avec un tirant
d'eau de 3 pieds au plus ; le service des bateaux
et les arrivages sont souvent interrompus ; plusieurs espèces de matériaux manquent ou aug-
mentent considérablement de prix ; beaucoup
de fabriques chôment ; les approvisionnements
s'expédient par terre ; les grandes routes, les
rues de Paris sont encombrées de voitures lourdes
qui détruisent le pavé et gênent la circulation.

Lorsqu'en automne la rivière grossit, les trains
et les bateaux, long-temps retenus dans les ports
supérieurs par le manque d'eau, descendent si-

multanément, couvrent le lit du fleuve; le passage est obstrué, le déchargement des marchandises devient difficile. Les pertes occasionées par des manœuvres extraordinaires s'élèvent annuellement à une somme de deux millions et demi, dépensée en pure perte et payée par les consommateurs.

Les pompes et tuyaux ne fournissent de l'eau de Seine que dans quelques quartiers et à des prix excessifs; les porteurs d'eau qui circulent dans les rues fatiguent les passants par leurs cris, et les incommodent par leurs voitures qu'ils traînent comme des bêtes de somme.

Les fontaines sont rares, et ne peuvent servir à laver les rues toujours couvertes de boues; l'eau est de mauvaise qualité.

Les diverses améliorations obtenues à Londres paraissent encore plus nécessaires à Paris. A Londres, le charbon de terre, qui donne beaucoup plus de chaleur que le même volume de bois, est employé au chauffage, à l'éclairage, à la fabrication de la bière et des briques. La Tamise n'est donc pas encombrée, comme la Seine, de trains de bois, de bateaux chargés de vin, de pierres et de briques.

Les arrivages de Paris étant plus volumineux que ceux de Londres, on doit donc, à plus forte raison, établir, sur la haute Seine, des barrages, des écluses, et surtout des docks où les bateaux soient à flot, à l'abri des grandes crues et des glaces, et à proximité des magasins, des entrepôts, des chantiers. Comme le charbon est beaucoup plus cher à Paris qu'à Londres, l'emploi des machines à vapeur est très-dispendieux ; il paraît préférable et plus économique d'employer le courant de la Seine à élever les eaux de cette rivière dans tous les quartiers.

RÉSUMÉ

DES AVANTAGES GÉNÉRAUX DU PROJET.

Le canal de jonction de la Marne à la Seine, et de la Seine à la Seine, ouvert dans les plaines de Choisy, d'Ivry et de Grenelle, établit une gare de sept lieues de développement et de 800 arpents de superficie, étendue suffisante pour admettre une grande partie des bateaux et trains qui arrivent chaque année à Paris.

La navigation de la Seine se trouvera affranchie de la traversée difficile, périlleuse et coûteuse des ponts de Paris, et la navigation de la Marne du passage de Charenton, toujours dangereux pour les bateaux descendants, et presque impraticable pour les bateaux montants à charge.

La ligne de ces canaux, pendant l'étiage, n'aura de pente que celle nécessaire pour le renouvellement des eaux et leur distribution dans les rues et fabriques. Le niveau en sera déterminé à la hauteur la plus convenable pour faciliter le chargement et le déchargement des navires : dans les temps de crue, le canal souterrain servira à jeter une partie des eaux de la Seine dans le bras du moulineau à Grenelle.

Des bassins de 100 arpents de superficie, établis dans les plaines de Choisy, d'Ivry et de Grenelle, seront environnés de magasins de blé, d'avoine, de foin, de paille, de charbon, etc.; les consommateurs trouveront, en toutes saisons, dans ces entrepôts les divers produits de la France et de l'étranger à des prix réguliers et presque invariables, les approvisionnements étant faits long-temps d'avance et dans les saisons les plus favorables.

Les chantiers de la capitale, que déplacent l'ouverture de nouvelles rues et l'augmentation progressive des terrains de l'intérieur, seront portés sur les bords de ces canaux où le sol de moins de valeur se trouvera plus convenablement situé pour le débardage et la vente des bois.

Le bassin du Jardin des Plantes, bordé par le boulevart et les quais, recevra chaque jour les fruits, légumes et laitage, expédiés par bateaux des rives de la Marne et de la Seine de 7 à 8 lieues de distance. Des bateaux à vapeur, partant de ce même bassin, ramèneront, le même jour, à leur destination les bateaux d'approvisionnement, et feront le service des villes et des campagnes voisines. Des barques couvertes expédiées chaque nuit de ces bassins, conduiront au loin sur les terres sablonneuses et arides des

bords de la haute Seine les boues et immon-
dices qui seront neutralisés par la chaux et le
plâtre, pour en former des composts ou engrais
inodores d'une grande efficacité.

Les rues des quartiers du faubourg Saint-
Germain et de la rive droite de la Seine seront
largement arrosées ou lavées par les eaux de ces
canaux; des machines hydrauliques mues par les
chutes mêmes de la Seine, porteront des eaux
excellentes dans les maisons des quartiers les
plus élevés; ces eaux, après avoir fourni aux
besoins des fontaines publiques et des grands
établissements, comme l'hôtel des Invalides,
l'École Militaire, etc., serviront à nettoyer les
rues.

Les diverses manufactures qui nuisent à la
santé ou au repos des habitants de la capitale
se porteront sur les bords de ces canaux, par
l'influence du bas prix des terrains et des avantages que donne la proximité d'un canal navigable ayant des eaux courantes et salubres.

Les plaines sablonneuses de Choisy, d'Ivry, de
Grenelle, maintenant presque arides, seront
transformées, par les arrosages, en prairies toujours vertes, en jardins fertiles où les arbres et
les productions de toute nature croissant rapidement, contribueront à l'embellissement des
abords de la capitale.

Les docks nouveaux, ayant des digues peu élevées au-dessus du niveau des eaux, seront bordés de chantiers et magasins où le débardage des bois et le déchargement des marchandises se fera à peu de frais par des machines. Des routes en fer, et des chariots, porteront les trains et les bateaux mêmes sur les chantiers, où ils seront dépecés ou mis à couvert.

Les ouvriers de la capitale ne seront plus exposés à travailler l'hiver dans l'eau, et à contracter les plus graves maladies par l'effet du froid et des liqueurs fortes.

De vastes ateliers, ouverts aux portes ou dans l'intérieur de Paris, procureront, pendant plusieurs années, un travail constant à cinq ou six mille ouvriers de tout état, que l'interruption des constructions particulières et des fabriques plonge dans la misère.

Le canal de la Marne à la basse Seine, passant par les plaines de Choisy, d'Ivry, de Grenelle, remplira plus complétement, plus rapidement, à moindres frais, sur la rive gauche de la Seine, le but qu'on s'est proposé sur la rive droite, en ouvrant les canaux de l'Ourcq, de Saint-Denis et de Saint-Martin.

Pour communiquer de la haute à la basse Seine par le bassin de la Villette, il faut traverser vingt - quatre écluses d'une ouverture moindre que la largeur des grands bateaux de la Seine ; les dimensions du canal de l'Ourcq sont plus faibles encore. Si ce canal est étanche, il ne livrera à la consommation de Paris, pendant l'été, que 4,000 pouces d'eau chargée de sel calcaire et saturée de gaz nuisible ; s'il continue à être perméable, la navigation cessera de nouveau sur les canaux de Saint-Martin et de Saint-Denis, et les habitants riverains auront beaucoup à souffrir, en été, des eaux stagnantes et fétides. Ces canaux, n'ayant pas de courants rapides, gèleront facilement et s'envaseront en peu d'années.

La dépense de ces ouvrages a coûté à la ville de Paris des sommes considérables qui ne portent pas intérêts ; les péages établis étant abandonnés aux adjudicataires.

Le canal de la Marne à la Seine par les plaines d'Ivry et de Grenelle fournira, en toute saison, 12,000 pouces d'eau excellente. La dépense de 15,500,000 fr., dans la première hypothèse, sera payée en totalité par des compagnies qui exécuteront les travaux à leurs frais, risques et périls. Dans la deuxième hypothèse, si l'administration intervient dans les dépenses, le canal sera ouvert en très-grande section, et la capitale sera pour jamais préservée des inondations qui occasionent des pertes incalculables plusieurs fois chaque siècle.

Au moyen de machines mues par les eaux de la dérivation de la Seine, les maisons les plus élevées de tous les quartiers seront alimentées d'eau salubre et abondante pendant neuf mois, et alimentées pendant trois mois avec les mêmes tuyaux, par des eaux de l'Ourcq.

Le canal d'Ivry, comparé à celui de l'Ivette, procurera de meilleures eaux, en plus grande quantité, et avec moins de dépenses.

Ainsi, de toutes les entreprises proposées dans les environs de la capitale, le projet de dérivation de la Marne à la Seine, et de la Seine à la Seine, paraît être le plus utile, puisqu'il contribuera à la salubrité, à la prospérité de la capitale, et préviendra les désastres causés par les débordements.

Trois campagnes suffiront pour exécuter la totalité des travaux, le creusement des souterrains pouvant être continué en hiver.

Le canal et les docks proposés seront également avantageux aux diverses branches de commerce de la capitale et du royaume; les propriétaires et fabricants de l'intérieur expédieront leurs produits dans les entrepôts d'Ivry, confiés à une administration intéressée, responsable et

chargée de faire des avances sur les valeurs déposées. Les consommateurs de Paris et les négociants des départements pourront s'approvisionner dans ces magasins des matières premières,
toujours maintenues à des prix presque invariables.

Les bassins, magasins et docks d'Ivry, deviendront l'entrepôt central du commerce du royaume;
un grand marché toujours largement approvi-
sionné par les propriétaires des départements
pour la consommation de Paris, et par les capitalistes de Paris pour la consommation des
départements.

Non-seulement les canaux des bassins de la
Seine, de la Loire, du Rhône, aboutiront aux docks
d'Ivry; mais les principales routes de 1re classe
du royaume semblent converger vers ce même
centre, et plus particulièrement celles de Lor-
raine, d'Allemagne, d'Alsace, de Suisse, de Bourgogne, d'Italie, du Lyonnais, de l'Orléanais, etc.

La guerre étrangère ne pourrait pas même
compromettre le succès de cette grande entreprise, puisque les arrivages du Havre cessant
alors, les productions coloniales arrivent à Paris
par Nantes, la Loire, le canal d'Orléans et la
haute Seine; ainsi la presque totalité des approvisionnements de la capitale devra se faire par
les canaux proposés.

Tout fait présager que les bassins éclusés et que les canaux de dérivation de la Marne et de la Seine, passant par les plaines de Choisy, d'Ivry et de Grenelle, seront également avantageux aux capitalistes concessionnaires, aux propriétaires riverains, aux fabricants et commerçants de Paris et du royaume, et surtout aux habitants des terrains bas au dedans et au dehors de Paris, qui n'auront plus à redouter les débordements de la Seine.

Les projets que nous présentons, long-temps étudiés et rédigés à nos frais, donneront lieu à beaucoup d'objections et d'oppositions; mais le nombre même et la toute-puissance des mille obstacles à vaincre, embellissant à nos yeux la tâche à remplir, ont élevé notre courage, et, peut-être à notre insu, fixé notre choix.

Encouragés par les suffrages d'hommes très-supérieurs, par la confiance des personnes les plus honorables, nous redoublerons d'efforts pour conduire à terme une entreprise jugée aussi nécessaire à la capitale qu'utile au commerce du royaume.

DOCUMENTS

RECUEILLIS

POUR SERVIR DE PIÈCES A L'APPUI

DU MÉMOIRE

SUR LES CANAUX DE JONCTION DE LA MARNE
A LA SEINE, ET DE DÉRIVATION DE LA SEINE,
AVEC DOCKS OU BASSINS ÉCLUSÉS.

8

Tableau des arrivages dans Paris, pendant l'année 1824, par les ports du haut.

NOMBRE		INDICATIONS.	NOMBRE	
De bateaux, margotas, toues, lavandières.	De trains et coupons.		D'hectolitres, de kilogr., de sacs, etc.	De tonneaux de 1,000 kilogrammes.
			hect.	tonn.
		GRAINS, FARINES...... { Blé...................	88,613	6,645 975
		Orge..................	id. 86,472	5,188 320
		Avoine	id. 78,742	3,937 100
2,437	»	Seigle.................	id. 7,451	484 315
		Farine.................	id. 52,601	8,416 160
		Son...................	id. 17,038	766 710
		Sel...................	sacs. 672,255	67,225 500
		Chanvre, corde...........	kilogr. 260,387	260 387
		MARCHANDISES DIVERSES. { Boissellerie	pièces. 52,984	105 968
		Poterie................	id. 837,642	2,512 926
		Osier	bottes. 45,650	630 380

		Désignation	Article	Quantité	Valeur
50 …	»	POISSONS……			
489	»	FRUITS……	Paniers……	paniers. 368,132	6,626 376
			Poinçons……	poinçons. 10,365	2,591 250
			Voitures……	222	111 000
454	»	FOIN ET PAILLE……		bottes. 503,229	2,516 145
1,039	»	LIQUIDES……	Vins……	hect. 347,679	34,420 221
			Eau-de-vie et liqueurs……	id. 3,480	330 600
			Esprit……	id. 10,878	1,044 288
			Huile……	kil. 24,621	24 621
			Vinaigre……	hect 1,142	106 206
2,070	59,356	COMBUSTIBLES……	Bois à brûler { Bois neuf et flotté.	stères. 908,994	549,032 376
			ler…. { Cotrets……	nombre. 1,649,457	9,896 742
970	»		Charbons. { Charbon de terre.	hect. 679,710	84,284 040
276	»		Charbons. { Charbon de bois..	id. 617,182	37,030 920
477	»	FER……		kil. 20,613,181	20,616 181
8,262	59,356	A reporter……			845,126 175

Tableau des arrivages dans Paris, pendant l'année 1824, par les ports du haut.

NOMBRE		INDICATIONS.	NOMBRE	
De bateaux, margotas, toues, lavandières.	De trains et coupons.		D'hectolitres, de kilogr., de sacs, etc.	De tonneaux de 1,000 kilogrammes.
8,262	59,356	Report.............	....	tonn. 845,126 175
		Sciage..............	m. courants. 4,507,146	45,071 460
359	4,653	BOIS DE CONSTRUCTION. Charpente...........	id. 34,828	32,564 180
		Lattes..............	id. 51,168	255 840
		Meulières...........	mètre cube. 18,659	43,475 470
272	»	Pierre de taille, moellons et marbre...........	id. 1,399	3,357 600
		Chaux..............	hect. 11,849	1,208 598
		MATÉRIAUX. Tuiles, briques et carreaux...	nombre. 12,428,279	31,070 697
		Ardoises.........	id. 18,846,644	7,724 124

	351	»
		145
	9,689	64,154

Meules	9,577 tonneaux.	957	700
Terre de gazette	6,442 nombre.	4,831	500
Pavés	2,653,188 pièces.	74,289	264
Ocre	1,922 sacs.	672	700
Tan	65,912	7,250	320
Total		1,098,094	762

Tableau des arrivages au port de Bercy pendant l'année 1824.

NOMBRE		INDICATIONS.	NOMBRE	
De bateaux, margotas, toues, lavandières.	De trains et coupons.		D'hectolitres, de kilogr., de sacs, etc.	De tonneaux de 1,000 kilogrammes.
390	»	GRAINS, FARINES ET FOURRAGES............ Blé et seigle..............	hect. 3,634	tonn. 272 550
		Orge et avoine...........	id. 28,388	1,561 340
		Grenailles...............	id. 2,818	140 900
		Farines.................	id. 1,834	293 440
		Son....................	id. 7,032	316 440
		Foin...................	id. 101,465	507 325
		Sel....................	sacs. 7,700	7 700
		Drogueries pour les arts....	kil. 335,179	335 179
		Fruits.................	4,800	1,208 000
23	•	MARCHANDISES DIVERSES. Poissons...............	7,000	14 000

			Verres.	20	10	006
			Laine.	14	1	400
			Poudrette.	12	1	416
			Osier en bottes et paniers.	11,112	155	568
2,641	56	Liquides.	Vins.	hect. 1,178,062	116,628	138
			Esprit et eau-de-vie.	id. 5,815	552	415
			Vinaigre.	id. 136	12	648
			Huiles.	id. 16,750	1,574	500
663	6,600	Combustibles.	Bois à brû-ler. { Bois neuf et flotté.	stères. 117,087	70,720	548
			Fagots.	fagots. 881,645	8,816	450
			Charbons. { Charbon de terre.	hect. 57,975	7,188	900
			Charbon de bois.	voies. 229	13	740
			Tourbes.	sacs. 900	58	500
		Matériaux.	Charpente en grume.	stères. 33,080	30,929	800
			Sciage et plateaux.	m. courants. 1,231,534	12,315	340
3,717	6,656		A reporter.		253,836	237

Tableau des arrivages au port de Bercy pendant l'année 1824.

NOMBRE		INDICATIONS.	NOMBRE	
De bateaux, margotas, tones, lavandières.	De trains et coupons.		D'hectolitres, de kilogr., de sacs, etc.	De tonneaux de 1,000 kilogrammes.
3,717	6,656	Report................	....	tonn. 235,836 237
		Voliges...............	m. courant 1,943,880	5,831 640
		Lattes................	bottes. 21,317	106 585
		Acajou, etc............	kil. 37,687	37 687
		Marbre...............	blocs. 121	329·120
		Pierres meulières.........	m. cubes. 91	212 030
745	422	Matériaux........... Pierres à chaux.........	id. 1,407	3,179 820
		Chaux...............	muids. 29	43 152
		Ardoises..............	nombre. 14,835,400	6,082 514
		Tuiles et briques.........	id. 3,980,286	9,950 715

4,462	7,078

Pavés....................	164,708 kil.	4,611 824
Fer...................	428,246	428 246
Total....................		248,449 570

Tableau des arrivages par les ports du bas, pendant l'année 1824.

NOMBRE		INDICATIONS.	NOMBRE	
De bateaux, margotas, toues, lavandières.	De trains et coupons.		D'hectolitres, de kilogr., de sacs, etc.	De tonneaux de 1,000 kilogrammes.
		GRAINS, FARINES...... Blé...................	kil. 200	tonn. 200
		Avoine, orge, sarrasin.....	hect. 57,366	3,155 130
		Graines diverses, pois, lentill.	kil. 83,748	83 748
		Farines...............	id. 319,000	319 000
		COMESTIBLES......... Viande...............	id. 1,023	1 025
		Beurre et graisse.........	id. 45,800	45 800
		Fromages secs...........	id. 1,928	1 928
		Poissons salés...........	764,018	764 018
		Fruits divers...........	297,025	297 025
		Thé, riz, cannelle........	1,091,633	1,091 633

ÉPICERIES	Sucre, miel	11,715,773	11,715 773	
	Café	651,800	651 800	
	Sel	9,870,689	9,870 689	
	Savon	7,674,519	7,674 519	
	Potasse	3,702,642	3,702 642	
	Soufre, salpêtre	1,064,336	1,064 336	
TABACS		1,325,548	1,325 548	
FOURRAGES	Foin	bottes. 15,164	75 820	
	Son	sacs. 3,214	144 630	
	Résines, goudrons, etc	kil. 341,758	341 758	
MARCHANDISES DIVERSES.	Tabletterie, dents d'éléphant, nacre	368,822	368 822	888
	Drogueries	758,250	657 250	
	Idem pour les arts	1,122,206	1,122 206	
	Objets d'art	1,618	1 618	
A reporter			45,777 916	888

Tableau des arrivages par les ports du bas, pendant l'année 1824.

NOMBRE		INDICATIONS.	NOMBRE	
De bateaux, margotas, toues, lavandières.	De trains et coupons.		D'hectolitres, de kilogrammes, de sacs, etc.	De tonneaux de 1,000 kilogrammes.
888	»	Report..............	....	tonn. 45,777 916
		Terres diverses...........	95,010	95 010
		Papiers..............	1,431,947	1,431 947
		Poterie, faïence..........	12,470	12 470
		Plumes..............	2,329	2 329
		Chanvre, coton, toile......	138,063	138 063
	MARCHANDISES DIVERSES.	Machines.............	848	848
		Peaux, cuirs...........	32,981 kil.	32 981
		Glaces, verres..........	476,632 nombre.	476 632
		Bouteilles vides.........	160,529 kil.	321 058

			Esprit		63,184	5,865 664
			Eau-de-vie		21,912	2,081 740
			Vins		303,694	30,065 706
Liquides			Cidre		304	27 968
			Bière		24	2 160
			Vinaigre		78	7 254
			Huile		9,591	901 554
	Bois à brûler	Bois neuf et flotté			10,097	6,098 588
Combustibles		Fagots			434,977	4,349 770
	Charbons	Charbon de terre			175,254	21,731 496
		Charbon de bois			3,081	184 860
			Charpente en grume		2,273	2,125 255
Matériaux			Bois de sciage		531,718	5,317 180
			Lattes		129,534	647 670
			Acajou, cèdre		674,797	674 797
888	»		A reporter			129,278 998

Tableau des arrivages par les ports du bas, pendant l'année 1824.

NOMBRE		INDICATIONS.	NOMBRE	
De bateaux, margotas, toues, lavandières.	De trains et coupons.		D'hectolitres, de kilogrammes, de sacs, etc.	De tonneaux de 1,000 kilogrammes.
888	»	Report............	....	tonn. 129,278 998
		Roseaux, joncs...........	4,977	4 977
		Pierres et marbre.........	18,691	44,858 400
		MATÉRIAUX.......... Tuiles, briques et carreaux..	272,544	545 088
		Fer, acier, fonte...........	2,294,675	2,294 675
		Cuivre-zinc	1,380,383	1,380 383
		Étain, plomb............	3,789,000	3,789 000
888	»	Total............		180,115 521

Tableau des arrivages aux ports et au bassin de la Villette, pendant l'année 1824.

NOMBRE de bateaux, margotas, toues, lavandières.	INDICATIONS.		NOMBRE	
			D'hectolitres, de kilogrammes, de sacs, etc.	De tonneaux de 1,000 kilogrammes.
	GRAINS ET FARINES.	Farines en sac de 150 kilog..	sacs. 45	toun. 7 155
		Orge, avoine	hect. 5,344	293 920
	COMESTIBLES	Saline	kil. 70,800	70 800
		Beurre et fromage	3,600	3 600
		Épiceries diverses	kil. 281,900	281 900
		Sucre	2,108,600	2,108 600
	ÉPICERIES.	Soude et potasse	59,200	59 200
		Café	81,700	81 700
		Savon	40,100	40 100

		kil.	
	Goudron............................	13,750	13 750
	Soufre et salpêtre..........	1,000	1 000
	Tabacs.................	942,600	942 600
	Papiers et plumes..........	45,800	45 800
	Peaux..................	15,035	15 035
	Dents et cornes............	708	708
	Glaces et verres...........	4,500	4 500
MARCHANDISES DIVERSES.........	Bouteilles vides............	202,414	202 414
	Objets d'art..............	200	200
	Tourbes..................	100	100
	Drogueries...............	200	200
	Drogueries et couleurs.....	55,430	45 430
	Paniers et caisses..........	5,714	5 714
	Meubles et literies.........	42,225	42 225
	Machines.................	16,000	16 000
A reporter...........................			4,292 651

237

Tableau des arrivages aux ports et au bassin de la Villette, pendant l'année 1824.

NOMBRE de bateaux, margotas, toues, lavandières.	INDICATIONS.		NOMBRE	
			D'hectolitres, de kilogrammes, de sacs, etc.	De tonneaux de 1,000 kilogrammes.
237		Report		tonn. 4,292 651
			fûts.	
	LIQUIDES.	Eau-de-vie	1,111	6 380
		Vins	6,763	1,690 750
		Huile	229	43 052
		Cidre, bière	24	8 040
			stères.	
	COMBUSTIBLES.	Bois à brû-ler — Bois neuf et flotté	1,268	765 872
		Cotrets	nombre. 71,561	429 366
		Charbons — Charbon de terre	hect. 96,874	12,012 376
		Charbon de bois	voies. 60,491	3,629 460
		Charpente	m. cubes. 6,182	5,780 170

Matériaux	Acajou	kil. 361,900	361 900
	Pierres de taille	m. cubes. 948	2,275 200
	Moellons	toises cubes. 185	333 000
	Tuiles, briques	nombre. 146,600	293 200
	Poteries creuses	nombre. 6,000	18 000
	Meulières (pierres)	m. cubes. 29,700	92,501 000
	Fer	kil. 170,385	170 385
	Cuivre	244,150	244 150
	Plomb	110,820	110 820
	Zinc et Tôle	65,026	65 026
	Total		125,349 698

237

TABLEAU GÉNÉRAL

REPRÉSENTANT L'ENSEMBLE DES ARRIVAGES PENDANT L'ANNÉE 1824.

RÉCAPITULATION.	NOMBRE DE		
	Bateaux, margotas, toues, etc.	Trains et coupons.	Tonneaux de 1,000 kilogrammes.
Tableau n° 1. Arrivages dans Paris par les ports du haut.	9,689	64,154	1,098,094,762
Tableau n° 2. Arrivages au port de Bercy..........	4,462	7,078	284,449,570
Tableau n° 3. Arrivages par les ports du bas.....	888	"	180,115,521
Tableau n° 4. Arrivages aux ports et au bassin de la Villette.........	237	"	125,349,698
Ensemble.....	15,276	71,232	1,688,009,551

Nota. Les tableaux qui précèdent ne comprennent point les bateaux et marchandises qui arrivent sur la haute Seine, aux ports de Choisy, Port-à-l'Anglais, Charenton, Ivry, etc.; et sur la basse Seine, à Neuilly, Saint-Denis, Saint-Cloud, Grenelle, etc.

Les 71,232 trains et coupons représentent environ 4,500 trains entiers de bois, dont chacun est la charge d'un grand bateau, portant 200 mètres cubes de bois à brûler ou de charpente.

Ainsi, il arrive annuellement à Paris le chargement d'environ 20,000 bateaux; et chaque année, depuis 1814, le montant des arrivages a augmenté progressivement.

Tableau du poids moyen de diverses substances.

DÉSIGNATIONS.			Poids en kilogr.
GRAINS ET FARINES.....	Hectolitre de blé........................		75
	Id. d'orge.........................		60
	Id. d'avoine.......................		50
	Id. de seigle.......................		65
	Id. de son.........................		45
	Un sac de farine.......................		160
FRUITS......	Panier...............................		18
	Poinçon..............................		250
FOIN ET PAILLE.	La botte..............................		5
LIQUIDES....	Hectolitre de vin de Bordeaux et de Bourgogne...		99
	Id. d'eau-de-vie et liqueurs.............		95
	Id. d'huile........................		94
	Id. de vinaigre.....................		93
	Id. de cidre.......................		92
	Id. de bière.......................		90
COMBUSTIBLES.	Bois à brû-ler....	Bois neuf et bois flotté, le mètre cube...	604
		Cotrets et fagots...................	6
	Charbons.	Hectolitre de charbon de terre.......	124
		La voie de charbon de bois.........	60
	Le sac de tourbe.....................		65
BOIS DE CONSTRUCTION.	Charpente en grume (bois de chêne, le mètre cube).		935
	Bois de sciage, le mètre courant.............		10
	Bois de sciage, la pièce....................		20
	Voliges..............................		3
	La botte de lattes......................		5
MATÉRIAUX..	Le mètre cube de marbre.................		2,720
	Id. de grès dur....................		2,600
	Id. de pierres de taille.............		2,400
	Id. de pierres meulières.............		2,330
	Id. de pierres à chaux.............		2,260
	Id. de moellons...................		1,800
	Id. de plâtre sec..................		1,230

Tableau du poids moyen de diverses substances.

DÉSIGNATIONS.	Poids en kilogr.
MATÉRIAUX... Hectolitre de chaux...........................	102
Le muid de chaux...........................	14,88
Briques , carreaux, tuiles (le mille)............	2,500
Carreaux de meule *Id.*	2,800
Ardoises *Id.*	410
Le tonneau de terre de gazette................	750
Pavés (l'un)...........................	28
MÉTAUX..... Le mètre cube de plomb.......................	11,330
Id. de cuivre	8,780
Id. de fer de fonte	7,200
Id. de fer en barre...................	7,658
Id. d'étain	7,320
Id. de zinc fondu..................	6,861
Sac de sel................................	100
MARCHANDISES DIVERSES..... Poterie, la pièce........................	3
Osier, la botte...	14
Rasiné, le quart........................	50
La pièce d'ocre........................	350
Le sac de tan...........................	110
La caisse de verre	500
La balle de laine.......................	100
Le sac de poudrette......................	118
Bouteille vide...........................	1

DÉPENSES ET PERTES CAUSÉES PAR LA DIFFICULTÉ DES DÉBARQUEMENTS ET EMBARQUEMENTS SUR LES PORTS DE LA SEINE.

Nous ne ferons mention, dans le calcul suivant, que des articles les plus volumineux qui arrivent par la Seine, savoir : le bois de charpente, le bois à brûler, les vins, les cidres, etc., etc.

Les bois de charpente et à brûler sont expédiés en trains, et viennent par les rivières de l'Yonne, de l'Aube, de la Marne, et par les canaux de Briare et de Loing, ou par la haute Seine.

Il faut, pour retirer de l'eau et conduire 200 à 250 solives dans les chantiers, un nombre de chevaux déterminé d'après les distances et les difficultés, et évalué, terme moyen, à quatre chevaux et à sept hommes, qui sont payés, savoir :

4 arrimeurs, à 6 fr. par jour	24 f.
1 ramasseur de débâcle, à 7 f. par j. . .	7
1 tireur qui travaille dans l'eau, par j. .	12
1 aide-tireur, *idem*	8
4 chevaux payés, y compris le charretier.	35
En tout	86 f.

Lorsque les eaux sont fortes et les arrivages

nombreux, le travail étant urgent, les ouvriers se font payer le double; on peut compter, terme réduit, 3 fr. par mètre cube, dans la saison la plus favorable, et 5 fr. dans les temps difficiles ou de presse.

On paie par train composé de 200 stères de bois 200 fr., pour retirer le bois et le conduire au chantier; ou par stère, 1 fr. : mais pendant les grandes eaux, le prix augmente, et s'élève au double, au triple même.

Le déchargement du bateau d'une pièce de vin pesant 500 livres, coûte........ 0 fr. 30 c.

L'engerbage et dégerbage, de même. 0   30

En tout...... 0   60

(La même pièce pour dépôt dans les magasins de Bercy coûte 50 centimes par mois.)

Les sommes dépensées chaque année en frais de déchargement seront évaluées, d'après les arrivages des tableaux ci-dessus, dressés par les préposés aux barrières de la Villette et de Bercy, en appliquant les prix payés pour le déchargement des bois et des vins, et des diverses autres marchandises.

ARRIVAGES DANS PARIS PAR LES PORTS DU HAUT.

34,800	mètres cubes de bois de construction, à 3 fr...	104,400 fr.
4,507,000	mètres carrés de bois de sciage, à 0 f. 10 c.....	450,700
908,994	stères de bois à brûler, à 1 f...............	908,994
1,649,000	cotrets à 4 f. le cent....	65,960
680,000	hectolitres de charbon de terre à 0 f. 20 c....	136,000
174,000	pièces de vin à 0 f. 60 c.	104,400
14,000	pièces d'eau-de-vie et d'esprit à 1 f........	14,000
18,600	mètres cubes de meulière à 1 f. 50 c......	28,900
2,653	milliers de pavés à 10 f.	26,530
12,400	milliers de briques 3 f..	37,200
18,846	milliers d'ardoises à 1 f. 50 c...............	28,269

BARRIÈRE DE BERCY.

33,080	mètres cubes de bois de construction à 3 fr....	99,240
	A reporter........	1,914,593

	Report.....	1,914,593 fr.
1,231,000	mètres carrés de bois de sciage à 0 f. 10 c.	123,100
117,000	stères de bois à brûler à 1 f.	117,000
881,000	cotrets à 4 f. le cent...	35,240
58,000	hectolitres de charbon de terre à 0 f. 20 c.	11,600
540,545	pièces de vin à 0 f. 60 c.	324,327
2,514	pièces d'eau-de-vie et d'esprit à 1 f.	2,514
14,835	milliers d'ardoises à 1 f. 50 c	22,252
3,980	milliers de pavés à 10 f.	39,800
4,282	quintaux métriques de métaux à 0 f. 50 c.	2,141
		2,682,567

En ajoutant à cette somme les dépenses analogues faites aux ports de débarquement des environs de Paris où les arrivages sont évalués au cinquième environ, les frais s'élèveraient à trois millions pour dix articles seulement.

L'établissement des bassins éclusés à niveau constant, bordés de quais ; l'emploi de grues pour décharger les marchandises, et de chemins en fer pour les transporter dans les magasins,

réduiraient les frais de chargement, de déchargement, de transport et d'emmagasinage au tiers
de la somme fixée plus haut. Il y aurait donc une
économie annuelle de deux tiers, ou un bénéfice
de deux millions à faire chaque année sur les
onze articles principaux. Les autres marchandises,
telles que les sucres, les cafés, le blé, l'avoine,
les marbres, les meules, etc., non comprises dans
l'évaluation précédente, s'élèvent à un tonnage
considérable; on obtiendrait une économie ana-
logue en raison de la diminution des faux frais,
maintenant occasionés par la mauvaise disposition des ports, la difficulté des débarquements
et l'éloignement des chantiers ou magasins.

On ne manquera pas de renouveler contre
ces améliorations proposées l'objection spé-
cieuse, que la réduction des dépenses par des
docks et par l'emploi d'agents mécaniques ôtera
le travail à une classe d'ouvriers très-nombreuse.

L'observateur qui suivra quelques heures le
travail des hommes et des chevaux employés à
tirer de l'eau les pièces de bois, reconnaîtra
combien peu ces craintes sont fondées.

Les hommes employés à retirer les bois de la
rivière, travaillant dans l'eau, reçoivent, il est vrai,
douze francs par journée; mais ils ne résistent
au froid qu'en prenant avec excès des aliments
et des liqueurs fortes; ils dépensent trois et

quatre fois plus qu'en temps ordinaire, et rarement peuvent-ils résister plusieurs jours de suite à une tâche aussi pénible : exposés à une fatigue excessive , aux maladies les plus graves, ils s'épuisent en peu d'années. Les ouvriers des ports, d'ailleurs , restent quelquefois plusieurs jours , plusieurs mois sans travail, lorsque les eaux charrient ou lorsqu'elles sont trop basses ou trop hautes pour naviguer; ils ont donc tout droit à un salaire plus élevé pour une tâche limitée , souvent interrompue, toujours pénible et souvent périlleuse. Ces ouvriers, recevant 8 et 12 fr. par journée de travail, ne sont donc pas relativement aussi bien payés que ceux des autres états, plus régulièrement occupés et employés à des ouvrages sans danger. L'exécution du projet préviendra les divers inconvénients que nous avons signalés ; il améliorera le sort des ouvriers, et contribuera à faire réduire les prix des diverses marchandises.

Tableau des arrivages dans les ports de la Grande-Bretagne, non compris les vaisseaux employés au transport du charbon.

ANNÉE.	DÉSIGNATION des ports.	NOMBRE de navires.		TOTAL des navires.	NOMBRE de tonneaux des navires.		TOTAL des tonneaux.
		Anglais.	Étrangers.		Anglais.	Étrangers.	
	PORT DE LONDRES.						
1822	....	3,280	597	3,827	603,167	106,099	709,266
1823	....	3,031	865	3,896	611,451	161,705	773,156
1824	....	3,131	1,643	4,775	607,106	264,098	871,204
	DANS LES PORTS DE L'ANGLETERRE.						
1822	....	9,416	2,860	12,276	1,398,476	387,812	1,786,288
1823	....	9,635	3,486	13,121	1,481,103	[illegible]	[illegible]

	DANS LES PORTS DE L'ANGLETERRE, DE L'ÉCOSSE, ET DE L'IRLANDE.						
1822	....	11,087	3,389	14,476	1,664,186	469,151	2,133,337
1823	....	11,271	4,069	15,340	1,740,859	582,996	2,323,855
1824	....	11,733	5,653	17,386	1,797,320	759,441	2,556,761

DONNÉES

SUR LA NAVIGATION ACTUELLE DE LA SEINE,
TIRÉES DE LA STATISTIQUE DU DÉPARTEMENT
DE LA SEINE; ANNÉES 1821 ET 1823.

En 1658, les eaux se sont élevées à 8 m. 80 c.
au-dessus du zéro du pont de la Tournelle ; en
1767, elles sont descendues au-dessous de ce
niveau à 0 m. 27 c. : ainsi la différence des plus
hautes aux plus basses eaux connues est de
9 m. 07 c.

A 5 m. 00 au-dessus de ce repère, elles se ré-
pandent dans les plaines de Villeneuve-Saint-
Georges, de Choisy; la circulation est interrompue sur le quai de Grève, et dans le faubourg de
Bercy et de la Gare.

On ne compte dans Paris que neuf ports, qui
paraissent chaque année plus insuffisants, en
raison de la quantité chaque année progressive
des arrivages.

Le nombre des bateaux et des trains de bois,

qui arrivent par la haute et la basse Seine, est, savoir :

Basse Seine 13,870
Oise . . . . 1,000 } 15,270
Haute Seine. Bateaux 400
Idem.   Trains de bois de 4 m. 55 de larg. et de 7 m. 17 de longueur, cubant 200 stères, nombre par année 4,500

Total 19,770

Les observations faites, pendant douze années consécutives, sur la hauteur des eaux de la Seine, ont donné les résultats indiqués par le tableau suivant :

Hauteur des plans rapportés au zéro de l'échelle du pont de la Tournelle, au-dessous desquels on a observé les eaux pendant le nombre de jours indiqués.

Hauteur des plans.	Nombre de jours.
0 m. 90	58
1 09	91
1 14	102
1 26	124
1 44	172
1 56	199
2 12	250
2 50	275

PENTE ET VITESSE DE LA SEINE.

La pente de la Seine est irrégulière dans la traversée de Paris.

Entre les ponts de la Tournelle et de Louis XVI, sur un développement de 2,300 mètres, la pente varie de 0 m. 65 à 1 m. 63 c.; la pente totale moyenne est évaluée à 1 mètre.

Du pont Notre-Dame au pont Louis XVI, la pente et la vitesse varient, ainsi qu'il suit, selon la hauteur des eaux.

HAUTEUR DES EAUX à l'échelle du pont Royal.	VITESSE par seconde.	PENTE par mille mètres.
1, 43	1, 03	1, 550
2, 21	1, 16	0, 555
2, 87	1, 18	0, 556
4, 97	1, 82	0, 576
6, 82	1, 91	0, 596

L'interruption de la navigation a lieu, lorsque la hauteur des eaux se trouve indiquée pour la haute Seine au-dessus du zéro du pont de la Tournelle.

Basses eaux .... 0 m. 322

Grandes eaux....... 5   199

Basse Seine au-dessus du zéro du pont Louis XVI.

Basses eaux .... 0 m. 811

Grandes eaux....... 4   547

Indication des échelles des 4 ponts et d'une estacade.	Hauteur des zéros des échelles au-dessus du zéro de celle du pont Louis XVI.
Pont Louis XVI.....................	0 ^{m} 0000
— Royal.................... ...	0 1172
— au Change....................	0 3608
— de la Tournelle.................	1 8734
Estacade de l'île Louvier...........	1 8058

LARGEUR DU LIT DE LA SEINE MESURÉE

A DIVERS POINTS.

A l'entrée du fleuve.

Pont du jardin du Roi............. 166 $^{mètres.}$

Petit bras.

Pont de la Tournelle............... 97

— Saint-Michel.................. 49

Grand bras.

Pont Marie. . . . . 82^{mètres}.
— Notre-Dame. 100 5o
— au Change. 100 5o

Sur la largeur des deux bras.

Pont-Neuf. 261

Bras réunis.

Pont des Arts. 142
— Royal. 124
— Louis XVI. 146
— des Invalides. 132

Iles de la Seine.

Pont de l'île Saint-Louis ou de la Cité. 113
— de l'île Louvier ou de Grammont. 31

A la sortie du fleuve.

Barrière de Passy. 138

PROFONDEUR DU LIT DE LA SEINE AU-DESSOUS DES
ZÉROS DES ÉCHELLES.

Échelle du pont de la Tournelle. . . . . . o 5o
— du pont Royal. . . . . o 58

La statistique du département de la Seine, en
1823, donne, pour les hauteurs des inondations
de la Seine et pour le nivellement des principales

rues et barrières, les cotes suivantes, rapportées au zéro du pont de la Tournelle.

Inondations de { 1658	8^m	80
1740	7	90
1799	6	97
1787	6	66
Barrière de la Rapée	6	17
— de Bercy	7	12
— des Bons-Hommes	4	45
— de la Cunette	5	51
— des Ministres	5	88
— de la Gare	5	29
Terrain naturel des marais de Popincourt et du Temple	8	26
Terrain naturel du marais de la Grange-Batelière	6	29
Porte Richelieu	7	69
Carrefour de la rue du Montblanc et du Boulevard	7	94
Carrefour du boulevard et de la rue Caumartin	8	65
Sol des rues Neuves-Saint-Nicolas, des Petites-Écuries	8	29
Sol des rues Richer, de Provence et que suit le grand égout	7	29
Terrain naturel des marais limitrophes. {	6	29
	5	29
	6	29

Sol des Champs-Élysées . . . .   5^{m} 93
Place Royale.   8   76
Place de la Grève.   6   45
Entrée de l'égout de la vieille rue du
Temple.   7   27
Entrée de la rue du Temple.   7   29
Entrée de l'égout Montmartre.   6   90
Intérieur du Palais Royal.   8   76
Jardin des Tuileries.   8   29
Place Vendôme.   7   57
Place Louis XV.   7   16
Esplanade des Invalides.   7   29
Place du palais Bourbon   6   22
Entrée de l'égout Plumet.   7   86
Entrée de l'égout Saint-Benoît.   6   58
Idem.   des Cordeliers.   8   28
Place de l'école de Médecine   8   62
Terrain naturel de la vallée de Bièvre.   8   29
Pont de la Tournelle.   8   79
Sommet de la butte du Terrain. . . .   8   19
Place du Palais   8   08
Pont des Arts   9   57
Pont Louis XV.   10   90
Petit Pont   10   86
Pont Saint-Michel   10   04
Pont d'Iéna.   10   59

Ces données authentiques suffiraient pour convaincre qu'une inondation, comme celle de

1558 ou de 1740, interromprait toute communication entre les deux rives de la Seine ; couvrirait les rues basses de 4 , 5 et 6 pieds ; entraînerait les bois des chantiers , les tonneaux de vins des entrepôts ; remplirait les caves et le rez-de-chaussée de la moitié de la ville ; occasionerait la chute de beaucoup de maisons et la ruine des propriétaires.

Les documents recueillis dans divers ouvrages, et qui ont été particulièrement consignés dans le Traité de la police, dans le rapport de M. Bralle sur les inondations de 1802, et dans le Mémoire de M. Égault sur celles de 1807, justifient les craintes qu'on ne peut manquer de concevoir en comparant le nivellement des plus hautes eaux, et des rues et quartiers les plus bas.

Les débordements, qui semblent se renouveler presque périodiquement plusieurs fois par siècle, ont chaque fois occasioné de grands désastres.

DES INONDATIONS.

EXTRAIT DU TRAITÉ DE LA POLICE,

TITRE VIII.

CHAPITRE 2.ème

Causes et effet des débordements de la Seine ; précautions que l'on prend pour s'en garantir.

Dans l'éloge que l'empereur Julien a fait de la ville de Lutèce, il parle de l'état de la Seine en ces termes : *Rarò fluvius minuitur ac crescit, sed qualis æstate, talis esse solet hyeme.* Ainsi, de son temps, ce fleuve ne sortait pas de ses limites ; il était égal en hiver et en été : rarement il arrivait que ses eaux fussent plus basses en une saison que dans l'autre. De là vient cette opinion commune, qu'avant le premier établissement des Parisiens sur la Seine, elle ne débordait point, et ne causait aucune incommodité ;

autrement ils ne s'y seraient point placés; que si la Seine a débordé dans la suite, et si les inondations sont devenues plus fréquentes, l'on ne doit en chercher la cause que dans la ruine des villes, des villages, des édifices, et des chaussées, qui ont relevé le lit de la rivière, dont le canal se trouve encore considérablement rétréci par la grande quantité de ponts, de quais, et d'autres ouvrages que l'on y a pratiqués pour l'utilité publique.

Mais il n'importe pas tant à mon sujet de rendre cette opinion la plus probable, que d'établir les effets des inondations, pour venir aux remèdes que l'on y a apportés.

Grégoire de Tours nous apprend que, dans la huitième année du règne de Childebert, roi d'Austrasie et de Bourgogne, l'an 583, il y eut une inondation si grande à Paris, qu'entre la Cité et la basilique Saint-Laurent (depuis nommée Saint-Lazare), l'on ne pouvait aller qu'en bateau.

En 886 et 1196, les débordements emportèrent le Grand-Pont, aujourd'hui le pont au Change et le Petit-Pont.

Au mois de décembre 1206, les pluies furent si abondantes, que, de mémoire d'homme, on n'en avait vu de semblables; trois arches du Petit-Pont et plusieurs maisons furent renversées.

Au commencement de janvier 1281, il y eut une inondation extraordinaire; les ponts furent rompus; l'on ne pouvait aller des quartiers de Saint-Denis et de la Cité jusqu'à la Croix-des-Carmes que par bateaux; les maisons du Petit-Pont étaient alors occupées par de riches marchands.

En 1296, il y eut un si furieux débordement de la Seine, qu'elle s'étendit par toute la ville; les ponts et les maisons qui étaient dessus furent renversés avec perte d'hommes et de biens; et comme la rivière inondait presque toutes les rues, ébranlait et abattait les maisons, l'on fit une procession solennelle, où l'on porta la châsse de Sainte-Geneviève à Notre-Dame par-dessus le Petit-Pont; il tomba le soir de la même journée.

Le pont au Change et le Petit-Pont furent encore emportés par les eaux en 1325. Le même Petit-Pont et le pont Saint-Michel furent aussi renversés en 1407. Cette inondation fut si grande, qu'outre les désordres particuliers qu'elle fit, le commerce et l'administration de la justice furent interrompus. Le procès-verbal qui a été conservé de cet événement en fait le détail de cette manière :

Le 9 de décembre 1547, la rivière étant débordée, un bateau attaché au Petit-Châtelet se lâcha, et alla donner contre l'une des arches du pont Saint-Michel, ce qui l'ébranla beaucoup. Le lendemain à deux heures après minuit, un autre bateau, détaché du même endroit, vint donner contre la même arche, fit tomber une partie du pont, et renversa dix - sept maisons qui étaient dessus.

L'on craignit encore beaucoup pour les ponts de Paris, dans les mois de janvier 1649 et 1651. La ville fut inondée en plusieurs quartiers; grand nombre de maisons tombèrent; beaucoup d'autres furent ébranlées, des habitants périrent; la communication cessa, par la difficulté de sortir des maisons; le commerce fut interrompu.

Dans la nuit du premier mars 1658, une pile, deux arches et une partie de la troisième du pont Marie furent rompues, et les maisons qui étaient dessus renversées par les eaux ; cinquante-cinq personnes y perdirent la vie, et plusieurs autres tous leurs biens. Une inscription posée en marbre, à la hauteur de cinq pieds, dans la muraille du cloître des Célestins, conserve la mémoire de cette inondation : la ligne diamétrale qui est sur ce marbre fait voir jusqu'où l'eau a monté.

Par ce débordement, les eaux couvrirent plus de la moitié de Paris ; une partie des habitants était obligée de secourir l'autre, et de leur fournir des vivres par bateaux : les pauvres seraient morts de faim dans leurs maisons, sans les secours des gens de bien qui les faisaient assister.

Les inondations des mois de janvier 1665 et 1677 mirent encore les ponts dans un péril évident.

En 1690, l'eau vint dans le cloître Notre-Dame, dans les cours du Palais, et dans beaucoup de rues du quartier de l'Université.

L'inondation arrivée au commencement de mars 1711 a été la plus considérable que nous ayons vue; mais les ponts de Paris n'en furent pas endommagés. On remarqua seulement qu'en cette année la rivière avait monté de neuf à dix pieds au-dessus de son lit.

Les pluies continuelles de l'année 1725 firent déborder toutes les rivières de France : la Seine s'étendit dans la campagne beaucoup plus loin que dans ses autres débordements; mais elle ne causa aucun dommage considérable dans Paris; le grand froid qu'il fit sur la fin de janvier et au commencement de février 1726 avait resserré la rivière dans son lit : il ne semblait pas que l'on eût de débordement à craindre; néanmoins, le 18 de février, la Marne crût de trois pieds en deux heures; le bras de la rivière, depuis la pointe de l'île Louvier jusqu'à la place aux Veaux, était pris, à cause de la grande quantité de bateaux qu'on y avait laissés; cette crue d'eau et les glaces cassèrent les cordes, et causèrent de grandes pertes.

Environ deux cents bateaux, chargés de marchandises pour les provisions de Paris, furent entraînés, coulés à fond, ou fracassés; tous ces bateaux et les glaces qui venaient se rompre au pont Rouge et au pont Notre-Dame, en bouchèrent presque aussitôt les arches, en sorte que l'on ne voyait sur cette partie de la rivière que glaçons entassés, becs et carcasses de bateaux mêlés et confondus les uns avec les autres; ce qui donna tant de frayeur pour les ponts, que les marchands déménagèrent le même jour.

Les premiers glaçons que la débâcle détacha, après avoir passé sous le pont Notre-Dame et sous le pont au Change, entraînèrent quatre des moulins qui étaient sur ce canal: l'un de ces bâtiments alla échouer au pont Royal, et le second fut arrêté à Sève; les deux autres, qui partirent de front, s'arrêtèrent sous l'une des arches du Pont-Neuf; le feu prit à ces moulins, et les consuma dans le même endroit, sans que l'on y pût apporter de remède; les bateliers ne pouvaient en approcher, à cause des glaces que la rivière charriait : peut-être aussi que M. le premier président et M. le procureur-général, et les magistrats qui s'étaient assemblés à la Samaritaine, où M. le lieutenant-général de police et

M. le prévôt des marchands se rendirent, jugè-
rent que le risque serait plus grand, si l'on dé-
gageait ces moulins ; et qu'ils auraient pu porter
le feu au port de l'École, qui était couvert de
bateaux chargés de bois et d'autres marchandises.

Tant d'inondations, arrivées dans Paris, ont
souvent excité l'envie d'y remédier : on a toujours cru que le moyen le plus sûr était d'ouvrir un canal pour recevoir une partie des eaux
de la Seine ; on en a même levé les plans à différentes reprises. Cette proposition fut agitée
de nouveau en 1651, et sérieusement examinée,
au bureau de la ville, dans une assemblée générale qu'il y eut à ce sujet, à la sollicitation
des bourgeois. Dans le procès-verbal de cette
assemblée, il paraît que le dessein de faire travailler à un canal fut agréé de toutes les personnes qui la composaient ; et ne s'agissant plus
que de décider sur la route qu'il fallait suivre,
le prévôt des marchands, les échevins, et le procureur du roi de la ville, se transportèrent à la
Porte-Saint-Antoine, et aux environs, pour connaître le lieu le plus convenable : ils furent ac-
compagnés, dans cette descente, d'ingénieurs,
d'architectes, et de plusieurs personnes intelli-
gentes au fait de la conduite des eaux, qui le-
vèrent les plans d'un nouveau canal, et donnè-

rent leurs avis séparés ; on les examina, et ils furent réduits à un seul, qui parut être plus régulier, de moindre dépense, et fort avantageux pour une prompte exécution de l'ouvrage. Il fut donc délibéré de commencer le canal au bastion de la Porte-Saint-Antoine, suivre le fossé, le nettoyer, élargir, creuser, et le continuer jusqu'à la porte du Temple, pour rencontrer l'égout, que l'on rendrait de même largeur et de semblable profondeur que le fossé, dans toute son étendue jusqu'à Chaillot : on trouvait par là le moyen de vider les eaux des caves, de dégorger les égouts, et de les faire vider facilement.

L'on reconnut encore que cet ouvrage n'était pas nouveau, mais seulement une augmentation à l'ancien ; que la pente était suffisante, puisque la rivière avait eu autrefois son cours par les fossés, suivant les devis qui avaient été faits en 1512, et que l'eau coulait dans les égouts, quoique lentement ; en sorte que ce dessein parut naturel, sensible et tout tracé, sans avoir besoin de couper la rivière en Marne, ni à la Rapée, ce qui aurait détourné et affaibli son cours ordinaire. Conséquemment l'on se serait jeté dans la dépense des écluses, dont l'exécution paraissait très-difficile, et l'effet peu certain. On jugea cette entreprise d'autant plus nécessaire et facile, qu'elle tendait en même temps à remédier aux inondations, à embellir la ville, à la nettoyer, et à occuper les pauvres mendiants valides, qui étaient en grand nombre en ce temps-là.

A l'égard des fonds nécessaires pour l'exécution de ce projet, il fut dit que le résultat de l'assemblée serait porté au conseil du roi et aux cours souveraines, pour y être pourvu; le parlement approuva cet avis, et, par arrêt du 28 septembre 1651, ordonna qu'en la présence des deux conseillers de la cour, il serait fait une nouvelle assemblée en l'hôtel-de-ville, pour trouver les fonds nécessaires pour cet ouvrage.

L'assemblée tenue, il y eut arrêt du parlement, le 12 octobre de la même année, qui en homologua le résultat; il ordonnait que les fonds nécessaires à cette dépense seraient pris sur les propriétaires des maisons de la ville et des faubourgs, sur lesquelles il serait imposé, pour une année seulement, et sans tirer à conséquence, une taxe pareille à celle qui se levait pour le nettoiement des rues.

Les dizainiers, qui étaient commis par cet arrêt pour faire la levée des taxes, s'y employèrent dans tous les quartiers de la ville, et les bourgeois payaient fort volontiers, parce qu'il s'agissait de leur conservation et de leur utilité; mais les guerres civiles ayant recommencé peu de temps après, les affaires générales qui engagè-

rent à d'autres levées plus fortes, firent abandonner le dessein du canal.

La prodigieuse inondation du mois de mars
1658, qui submergea le pont Marie, fit reprendre
la résolution d'y pourvoir pour l'avenir; M. Petit, intendant des fortifications, fut chargé d'exa-
miner les environs de Paris, d'en lever le plan,
et de marquer les endroits les plus propres où
l'on pourrait faire ce canal de décharge; on lui
mit même en main le résultat de 1651, pour lui
servir à former son avis.

Cet habile ingénieur prit tous les nivellements,
sonda les terres où il prétendait faire passer le
canal; il en leva le plan; et, dans une assemblée
générale qui se tint pour cela à l'hôtel-de-ville,
le 24 mai de la même année 1658, il en fit son
rapport dans une fort exacte précision, et fit
voir la possibilité et la facilité de ce travail, qui
remédierait immanquablement aux inondations.
Son discours et sa carte ont été imprimés et don-
nés au public; ils pourraient être d'une grande
utilité, si l'on se trouvait un jour en état de reprendre ce grand dessein, qui a été tant de fois
jugé si nécessaire.

Depuis 1658, on a renouvelé souvent de semblables propositions; mais elles n'ont point eu
plus de succès. Ainsi l'on se trouve également
exposé à la chute des ponts, à la ruine des mai-

sons voisines de la rivière, et à l'interruption du commerce, par la difficulté qu'il y a d'aborder les quartiers qui se trouvent environnés et comme assiégés par les eaux.

Il est donc réservé aux magistrats de prévoir les accidents qui peuvent arriver par les inondations, de veiller à la sûreté des habitants et à la conservation de leurs biens; ce sont les soins principaux de la police en cette partie : voici ses opérations en détail.

Dès que la rude saison de l'hiver commence à se faire sentir, le premier soin est celui de faire nettoyer la rivière, c'est-à-dire de débarrasser son canal des bateaux vides, parce que, lors du dégel, les glaces venant à se rompre, ne se trouvent point arrêtées dans le passage, et sont entraînées par le grand courant de l'eau sous les arches des ponts sans les endommager. Cette précaution prise à propos en l'année 1729 par la prudence de M. le prévôt des marchands, a fait connaître que c'est le plus sûr moyen pour prévenir les accidents; mais comme il n'est pas possible de faire remonter tous les bateaux, et qu'il est nécessaire de laisser dans les ports ceux qui sont chargés de provisions, on oblige les marchands de les décharger dans des magasins, même à terre dans les rues et dans les places publiques, afin qu'il n'y ait que des bateaux vides qui puissent

être exposés au péril. Il est aisé de sentir l'utilité de cette précaution, qui conserve les provisions de Paris et le bien des marchands.

Ce n'est pas que l'on néglige la conservation
des bateaux qui restent sur la rivière; l'on a un
grand soin de les mettre à l'abri, autant qu'il est
possible, dans les endroits les plus éloignés du
grand courant; l'on fait aussi ranger les moulins
sous les quais, pour les mettre à couvert de la
grande chute des glaçons, qui suivent plus abon-
damment et avec plus de rapidité le fil de l'eau :
ce qui se pratique à cet égard n'est que l'exécution des anciens réglements.

Si les ponts se trouvent en péril évident, il est
défendu d'y faire passer aucune voiture; il est
même d'usage, pour éviter les accidents qui
pourraient arriver, de poser des barrières et
d'établir des gardes aux avenues, pour en défendre le passage et pour veiller à la sûreté du
public.

Après que l'on a pris toutes les précautions
que la prudence humaine peut suggérer, si le
débordement entraîne des ponts et des maisons,
la police a deux objets principaux sur lesquels elle
doit veiller : le premier, qui demande une grande
diligence, est de faire travailler au décombre-
ment des ruines et des matériaux qui sont dans
la rivière, afin que le cours n'en soit point arrêté,

11.

et pour prévenir de plus grands maux ; le second
objet consiste à faire faire des recherches exactes
des effets submergés, et de pourvoir à l'assistance
des malheureux.

CHAPITRE 3ème.

*Des inondations causées par la rivière des Go-
belins. Ce qui a été pratiqué, et ce que l'on
observe encore aujourd'hui pour éviter les
effets de ses débordements.*

La rivière des Gobelins, quoique peu considérable en apparence, a souvent fait de grands
désordres dans les faubourgs de Saint-Marcel et
de Saint-Victor ; ses débordements étaient causés
par les ravines qui la faisaient croître en très-peu
d'heures si extraordinairement, qu'elle passait
plutôt pour un torrent que pour une rivière.

C'est le même ruisseau qu'on nommait autrefois de Gentilli et de Bièvre ; il n'a été nommé
rivière des Gobelins que depuis Jean Gobelin,
teinturier en laine et en soie, et surtout en écarlate. Cet excellent ouvrier, s'étant logé près de
ce canal, à cause de la propriété de l'eau dont
il se servait, devint si célèbre dans son art, que
sa maison, son écarlate, sa teinture et l'eau ont
retenu son nom.

Les débordements de cette rivière les plus

considérables sont arrivés, l'un en 1526, qui inonda les maisons du faubourg Saint-Marcel jusqu'au second étage; l'autre en 1579, le 8 d'avril: l'eau entra dans les églises de Saint-Médard et des Cordelières, qui sont dans le même faubourg, démolit quantité de moulins et de maisons, causa de grands désordres dans la campagne, noya beaucoup de monde, et enfin fit tant de ravages, qu'on appela cette inondation le déluge de Saint-Marcel. Il y eut un autre débordement en 1625, le lendemain de la Pentecôte; l'eau monta jusqu'aux premiers étages des maisons, abattit quantité de murailles, ruina beaucoup de jardins, et renversa quelques maisons : ces deux derniers accidents arrivèrent la nuit, pendant que tout le monde était couché; celui de 1579 dura trente heures, et celui de 1625 n'en dura que deux. Il n'y avait pas long-temps que l'on avait travaillé à la réformation de cette rivière pour en conserver l'eau, dont la propriété incomparable pour les teintures est connue de toute l'Europe.

En 1624, le 19 mars, l'autorité adopta et fit publier un réglement rédigé par le sieur Érard, ingénieur du roi, pour le curement, l'élargissement et le redressement de la rivière des Gobelins.

En conformité de ce réglement, le sieur Hubert et ses associés à l'économie des tourbières de France firent travailler au nouveau canal : il fut achevé et visité par le lieutenant de la maîtrise particulière de Paris, suivant son procès-verbal de descente du 31 mai de la même année 1624.

Depuis ce temps-là jusqu'en l'année 1671, l'on n'a pas travaillé fort utilement à rétablir le cours de la rivière et à prévenir les inondations : il est vrai qu'en 1650 et 1658, certains particuliers du faubourg Saint-Marcel firent quelques tentatives pour remédier aux abus, et aux entreprises qui avaient été faites sur la rivière ; le débordement arrivé en l'année 1665 donna même occasion aux trésoriers de France de se transporter sur les lieux, et de dresser des procès-verbaux des réparations et démolitions qui parurent utiles.

En 1716, le 28 février, l'autorité fit un nouveau réglement général pour la réformation de la rivière de Bièvre, dite des Gobelins.

CHAPITRE 4ème.

Des inondations causées par la fonte des neiges qui sont conservées pendant l'hiver dans les rues, dans les jardins et dans les cours des maisons; et de la nécessité qu'il y a de faire vider les caves qui ont été inondées.

C'est aussi un soin essentiel, dans les temps d'inondations, de ne point laisser croupir dans les caves l'eau que le débordement y a portée. Le public trouve en cela deux avantages : 1° la conservation des bâtiments ; 2° l'on prévient la corruption qui se ferait pendant les chaleurs, dont l'air pourrait être infecté.

Nos réglemens ont pourvu à ces inconvénients; ils ordonnent à tous les propriétaires ou locataires qui ont des caves où les eaux sont entrées, d'y mettre des ouvriers aussitôt après le débordement, pour les vider en même temps, afin que les eaux d'une cave supérieure ne puissent point entrer dans les autres qui auraient été vidées.

Sur ce qui nous a été représenté par le procureur du roi, que les pluies de l'hiver dernier ayant grossi et fait sortir la rivière hors de son canal et de son lit ordinaire, et les caves des maisons en quelques quartiers de cette ville en ayant été remplies, il y avait lieu de craindre que les eaux qui y étaient entrées corrompissent les fondements des maisons, ou qu'elles causassent quelque putréfaction et mauvais air, si elles y croupissaient plus long-temps; mais parce que, si toutes les caves ainsi remplies dans un même quartier n'étaient vidées aussi en même temps, il arriverait infailliblement que l'eau qui serait restée chez ceux qui auraient négligé de la faire vider pénétrerait dans les lieux qui auraient déja été vidés, c'est pourquoi ledit procureur du roi requérait qu'il fût par nous sur ce pourvu et désigné un temps précis, auquel chacun fût tenu de satisfaire à l'ordonnance qui serait par nous rendue: Nous, faisant droit sur ladite requête et conclusions du procureur du roi, ordonnons à tous propriétaires ou principaux locataires des maisons de cette ville et faubourgs, où il reste de l'eau dans les caves, d'en faire la vidange, et, à cet effet, d'y mettre des ouvriers pour y travailler sans discontinuer dans le vingtième du présent mois, à peine de quatre cents livres d'amende, et de tous dépens, dommages et intérêts de leurs voisins, auxquels en outre, et aux deux plus proches, ou à l'un d'entre eux, il est permis de faire vider les eaux des caves de ceux qui auront négligé de le faire, aux frais et dépens des négligents ; enjoignons aux commissaires du Châtelet de tenir la main à l'exécution des présentes, et de se transporter à cette fin aux lieux où il sera nécessaire dans l'étendue de leurs quartiers, même de nous faire rapport de ceux qui auront contrevenu à la présente ordonnance, laquelle sera lue, publiée et affichée par tous les carrefours et lieux ordinaires de la ville et faubourgs de Paris, afin que personne n'en prétende cause d'ignorance.

Le 17 mai 1690.

Signé DE LA REYNIE,

Conseiller-d'état, lieutenant-général de la ville, prévôté et vicomté de Paris.

Publié le 21 de la même année.

FAITS RELATIFS A L'INONDATION DE 1802,

PAR M. BRALLE.

Au 7 décembre 1801, les eaux s'élevèrent à 6 m. 22 c. ; des meubles flottants annonçaient que des habitations avaient été entraînées par les eaux ; la rivière charriait beaucoup de débris de bateaux.

Le 8 décembre, on apprit qu'une trentaine de bateaux de charbon de terre avaient été engloutis dans les gares de Charenton ; que deux toues chargées de vin avaient coulé à Bercy ; que les vagues avaient abattu les murs de clôture de la verrerie de la Gare, déraciné toutes les haies, et renversé plusieurs portions de bâtiments.

Le 2 janvier 1802, les eaux s'élevèrent à une plus grande hauteur et atteignirent la cote 7 m. 10 c.

Le pont Saint-Michel et plus particulièrement celui de Grammont dont les arches étaient presque entièrement sous l'eau, donnaient par leur vétusté les plus vives inquiétudes.

Les eaux pénétrèrent dans les rues basses, dans les boutiques et dans les caves de la moitié de Paris, et occasionèrent de grands dégâts.

Le 3 janvier, les eaux étaient à la cote 7 m. 32 c., et la rivière charriait fortement ; elle emportait les débris de beaucoup de bateaux. A Bercy, deux boutiques à poissons furent entraînées. A Charenton-Saint-Maurice, une maison située dans la grande rue fut fort endommagée. A Choisy-le-Roi, plusieurs maisons furent inondées et dégradées ; on y repêchait des bois, des vins, des cloisons, des portes, entraînés des points supérieurs. A Genevilliers, l'eau avait fermé tout-à-coup les issues de cette commune, la grande route était interceptée, et les habitants se sauvèrent à trois heures du matin à travers les flots et les glaces. Les trois quarts des habitants d'Ivry furent forcés d'abandonner leurs demeures ; dans Maisons-Alfort, les eaux réunies de la Marne et de la Seine coulaient dans les rues ; à Saint-Maur-les-Fossés, l'inondation s'étendait à plus d'un quart de lieue ; les glaçons renversaient les murs, arrachaient les haies, coupaient les arbres.

Les maisons de Sèvres étaient au milieu de l'eau ; les routes conduisant au pont et à la verrerie se trouvaient interceptées. Le parc de Saint-Cloud était inaccessible. Deux trains de bois de marine, détachés par le courant, frappèrent le pont et l'ébranlèrent fortement.

Au midi, les eaux de la rivière de Bièvre, refoulées par celles de la Seine et grossies par ses affluents, franchirent les berges, et inondèrent tous les terrains qui bordent ses rives, tant dans Paris qu'au-delà de ses murs.

Les habitants d'une maison, rue de Poliveau, remplie d'eau à la hauteur de 2,^{m} 60 c., n'échappèrent que difficilement.

Au passage d'eau des Invalides, une maison fut entraînée de fond en comble.

Une partie de la barrière de la Rapée et la petite patache de ce port furent entraînées.

A une heure de la nuit, l'eau s'élève à 7 m. 45 c.; à la pointe du jour, elle n'était plus qu'à 7 m. 32 c. On apprit que douze bateaux de charbon de terre, garés au-dessus de la verrerie de l'Hôpital, furent entraînés par les glaces : deux seulement furent arrêtés, les dix autres furent engloutis; deux toues de charbon vinrent se briser contre les piles du pont de Sèvres.

Dix-huit chantiers, bordant le port Saint-Bernard, étaient inaccessibles; et les glaces, réunies en masses énormes, fracassaient ou entraînaient tout ce que le débordement semblait avoir respecté.

Un couplage, chargé de quarante-une pièces de vin, passant sur la grande estacade, vint donner contre deux bateaux de charbon de bois : la petite patache fut emportée jusqu'au

port Saint-Bernard; quatorze bateaux de charbon de terre franchirent le pont de la Tournelle; un gros bateau marnois disparut; le bureau des arrivages rompit ses amarres, et céda
au torrent; plusieurs bachots furent écrasés;
une barquette, chargée de soixante-une pièces
et de cent vingt-cinq feuillettes de vin, se porta
en travers de l'estacade, et le marin qui la mon-
tait ne se sauva qu'en se jetant à la nage.

Trois margots, chargées de quatre-vingt-dix
feuillettes de vin, furent entraînées et perdues,
ainsi que deux bateaux garés à la Rapée, portant ensemble trois cent quarante pièces de vin.
Un de ces bateaux et une boutique à poissons
se précipitèrent sur la pompe Notre-Dame, en
fracassant le brise-glace, qui tint cependant assez
pour donner le temps de retirer quelques pièces
de vin.

Dans la nuit suivante, une toue de charbon
de terre, fermée au port des Saints-Pères, fut se
briser contre le pont des Tuileries; un bateau,
garé au port de l'Arsenal, disparut entièrement
sous les glaces.

Le 4 janvier, les eaux n'étaient plus qu'à 6 m.
43 c.; mais les glaces acquéraient de l'intensité, et
devenaient de plus en plus redoutables. Vers le
soir, on fut informé que les bâtiments de la Verrerie près la Gare, entièrement environnés d'eau

et de glaces, et dont une partie avait déja été renversée, contenaient un grand nombre de personnes à la veille de périr de faim ; et on ne parvint à y arriver en bateau, à travers les glaçons, qu'en s'exposant au danger le plus imminent, et à sauver soixante personnes qui n'avaient plus de vivres et qui perdaient tout espoir.

La promptitude de la crue et la hauteur extraordinaire de l'eau n'avaient pas permis de fermer, suivant l'usage, la grande estacade entre l'île Louvier et celle de Saint-Louis. En vain avait-on rassemblé dans le bras qu'elle défend tous les bateaux qu'elle pouvait contenir, les glaces y pénétrèrent, et devaient tout anéantir, si rien ne s'opposait à ce qu'elles s'y précipitassent au moment prochain d'une débâcle, que tout annonçait devoir être terrible. On parvint avec des peines infinies à placer les poutres et à fermer le passage.

Le 7 janvier, la rivière n'étant plus qu'à 4 m. 99 c., plusieurs bateaux, chargés de vin, furent néanmoins brisés par les glaces et coulés à fond; des pièces de vin, déposées sur le port, furent aussi entraînées.

Il paraît constant que la différence entre la hauteur des eaux de 1740 et celles de 1802 est de 45 centimètres, et que les premières ont dû s'élever à 7 m. 90 c., sur l'échelle du pont de la Tournelle; et il est important de faire remarquer que l'inondation de 1658 a été beaucoup plus forte que celle de 1740, et que le fond du lit de la rivière s'est successivement élevé, ainsi qu'on en a des preuves.

La première crue de 1801 s'est maintenue au-dessus de 4 m. 90 c., pendant 17 jours, du 1er au 17 décembre, et, pendant 8 jours, au-dessus de 6 mètres. La seconde crue, en décembre 1801 et janvier 1802, a été, pendant 8 jours, au-dessus de 5 mètres, du 29 décembre au 7 janvier, et, pendant 2 jours, au-dessus de 7 mètres.

Pendant l'inondation, les eaux s'élevèrent à 2 m. 90 c. (9 pieds) au-dessus du sol de la rue Grange-aux-Meuniers au coin du mur de Bercy; elles remontèrent à travers les jardins, et baignèrent le sol à 200 mètres de distance de la barrière de Charenton, inondèrent le boulevart extérieur jusqu'à 260 mètres de distance de l'angle du pavillon de cette même barrière; elles couvrirent le carrefour de Reuilly jusqu'à celui de la rue de Beauveau; les eaux suivirent les rues Traversière et Saint-Nicolas, et parvinrent jusqu'à la grande rue du faubourg Saint-Antoine. La rue de Charenton fut couverte jusqu'au-delà de celle Moreau. Elles montèrent jusqu'à la rue des Lions, interceptèrent l'entrée de l'Arsenal, et vinrent battre le pied de la chaussée du pont de Grammont.

Les eaux interceptèrent la communication des rues Saint-Paul, des Barres et de l'Étoile, avec le port qui était totalement inondé; elle pénétrèrent sur le quai des Ormes, couvrirent tout le port de la Grève, sur lequel elles s'élevèrent à 2 m. 32 c. La place de Grève en fut couverte jusqu'au-dessus de la première marche de l'Hôtel-de-Ville.

En aval du Pont-Neuf, elles couvrirent une grande partie du quai de l'École, et s'étendirent vers le milieu de la place du Musée. La route de Versailles, les Champs-Élysées et les rues adjacentes furent inondés, et le passage intercepté.

Sur la rive gauche de la Seine, en partant du Petit-Pont, qui traverse la berge de la Gare, en face d'un pavillon entre le quai de Bercy et celui de la Rapée, l'eau était élevée de 2 m. 50 c., jusqu'à 140 mètres de distance en amont de ce pont. Elles couvrirent la rue Poliveau et une partie de l'Esplanade devant la Salpêtrière.

L'eau monta de 1 m. 13 c. sur le pont de pierre qui traverse la rivière de Bièvre auprès de l'Hôpital en refluant dans la Bièvre; elle inonda presque entièrement les terrains compris entre le boulevard, la rue Poliveau, la rue du

Jardin des plantes et celle de Buffon, et une partie du Jardin des plantes.

Les eaux recouvrirent de même les rues du Cerisier, Moufetard, de l'Oursine, le quai Saint-Bernard, les chantiers, la rue de Seine, et s'élevèrent à 1 m. 80 c. (5 pieds 8 p.) à l'angle de cette rue.

Les deux tiers de l'île Louvier furent couverts, ainsi que l'extrémité de l'île Saint-Louis. Plus de la moitié du quai d'Anjou était intercepté.

Les eaux pénétrèrent par la rue des Petits-Degrés et celle Pavée, dans les rues des Rats, de la Bucherie, des Grands-Degrés, Perdue, de Bièvre, des Bernardières, etc.; dans la place Maubert, d'où elles se portèrent à l'entrée des rues Saint-Victor, de la montagne Sainte-Geneviève, des Noyers, des Lavandières, Galande, des Trois-Portes, etc.

Elles couvraient le carrefour Saint-Michel, les rues Saint-André-des-Arts, Mâcon, la Vieille-Boucherie.

Elles occupèrent une partie du quai des Grands-Augustins, et pénétrèrent dans les rues de Hurepoix, de Gît-le-Cœur.

Elles pénétrèrent dans les cours de la Préfecture de police, de la Sainte-Chapelle.

Elles entrèrent par le quai d'Orsay dans les rues de Poitiers, de Bourbon, de Verneuil, de l'Université, du Bac, de Belle-Chasse, de Saint-Dominique, etc., où elles montèrent de 1 à 3 pieds, et arrivèrent de même à l'Esplanade des Invalides, sur la place du Palais-Bourbon, dans le Gros-Gaillou; les rues Saint-Nicolas, de la Boucherie et de la Vierge, furent entièrement inondées, ainsi que tous les terrains compris entre l'île des Cygnes, l'avenue extérieure du Champ-de-Mars, la rue Saint-Dominique et une partie du Champ-de-Mars. Tous les jardins, marais, et habitations, compris entre le Champ-de-Mars, l'enclos de Grenelle, la barrière des Ministres, le boulevard extérieur, ont été couverts d'eau.

Les eaux pénétrèrent de même dans toutes les rues basses de l'intérieur de Paris, et remplirent les caves des quartiers plus élevés que les inondations.

La Carte jointe au Mémoire indique avec exactitude les terrains recouverts d'eau, les quartiers dont les caves furent remplies, et le nivellement des points principaux de la capitale.

Tableau de la crue et de la diminution journalières de la Seine, observées pendant l'inondation de 1801 et 1802, à l'échelle du pont de la Tournelle.

NOVEMBRE ET DÉCEMBRE 1801.				JANVIER 1802.		
Jours.	Hauteurs.	Jours.	Hauteurs.	Jours.	Hauteurs.	
	m. c.		m. c.		m. c.	
28 9bre.	4 20	15 xbre.	5 59	1er	7 45	
29	4 32	16	5 30	2	7 45	à 1 heure du mat.
30	4 60	17	4 91		7 32	au jour.
1 xbre.	4 96	18	4 35	3	6 88	
2	5 30	19	3 80	4	6 43	
3	5 50	20	3 50	5	5 88	
4	5 62	21	3 41	6	5 28	
5	5 75	22	3 44	7	4 99	
6	5 98	23	3 95	8	4 70	
7	6 22	24	4 15	9	4 48	
8	6 18	25	4 00	10	4 20	
9	6 13	26	4 00	11	3 95	
10	6 20	27	4 22			
11	6 21	28	4 41			
12	6 18	29	5 15			
13	6 08	30	6 20			
14	5 84	31	7 10			

EXTRAIT DU MÉMOIRE

DE M. ÉGAULT,

SUR LES INONDATIONS DE PARIS, EN 1807.

*Hauteur des inondations rapportées au zéro
de l'échelle du pont de la Tournelle.*

1ᵉʳ	Mars......	1658	....	8ᵐ· 80ᶜ·
25	Décembre...	1740	....	7 90
	Janvier.....	1651	....	7 80
	Janvier.....	1649	....	7 65
	Mars..	1711	....	7 55
		1690	....	7 50
3	Janvier.....	1802	....	7 45
14	Novembre..	1764	....	7 »
4	Février.....	1799	....	6 97
	Janvier.....	1751	....	6 70
4	Mars......	1784	....	6 66
3	Mars......	1807	....	6 66

Les débordements qui ont eu lieu à des époques plus reculées, n'ont pas été aussi exactement déterminés ; mais on sait qu'ils produisi-
rent de grands ravages.

En 1807, les eaux se soutenaient à la hauteur de 4 mètres environ au pont Royal, lorsque vers la mi-février, on vit tomber, deux jours de suite, une assez grande quantité de neige; peu de jours après, la rivière monta rapidement, et continua d'augmenter jusqu'au 3 mars à midi, moment où elle se trouva à son maximum; alors elle marquait :

6$^{m.}$ 66$^{c.}$ à l'échelle de la Tournelle.

7   30 à celle du pont Royal.

7   27 à celle du pont de la Concorde.

Plusieurs quartiers étaient inondés, savoir :

Sur la rive droite de la Seine.

Le boulevard extérieur jusqu'à la barrière de Bercy, tout le quai de la Rapée et la rue Traversière, la rue du Chemin - Vert, le quai Saint Paul, le port au Blé, la place de Grève, le quai de l'École, le port Saint-Nicolas, le guichet Froidmanteau, le quai de la Conférence, la rue Saint-Florentin, partie des Champs-Élysées, les rues du faubourg du Roule, de l'Arcade, de la Pépinière et de la rue Verte.

Sur la rive gauche de la Seine.

Le quai de l'hôpital de la Salpêtrière, le quai Saint - Bernard et la partie de la rue de Seine, le port aux Tuiles, la rue des Grands-Degrés et la place Maubert, partie du quai des Augustins, la rue de Seine (faubourg Saint-Germain), de Belle-Chasse et de Bourgogne, l'Esplanade des Invalides, la rue de l'Université vis-à-vis le palais Bourbon, le Gros-Caillou, le Champ-de-Mars et les marais de Grenelle.

Cependant l'inondation de 1807 était au-dessous de celles de 1802, de $0^m 79^c$
de 1740, de 1   24
de 1658, de 2   24

Hauteurs de la Seine dans la crue de 1807, rapportées à un plan de nivellement passant à 75 m. 24 c. au-dessus du zéro de l'échelle du pont de la Tournelle, et à 108 m. 24 au-dessus du niveau de la mer.

DATES des OBSERVATIONS.	AU PONT d'Austerlitz.	AU PONT de la Tournelle.	AU PONT Royal.	AU PONT Louis XVI.	DEVANT la pompe à feu de Chaillot.
19 février 1807..	70 m. 81 c.	71 m. 01 c.	71 m. 86 c.	71 m. 97 c.	72 m. 09 c.
24 *Id*........	70 57	70 79	71 66	71 75	71 88
25 *Id*........	70 03	70 19	71 09	71 17	71 38
27 *Id*........	.69 295	69 47	70 43	70 55	70 75
1er mars......	68 73	68 85	69 93	70 05	70 23
3 *Id*. à midi.	68 53	68 58	69 71	60 80	69 96
15 mars.......	72 60	72 81	73 71	73 85	74 03
18 *Id*........	73 01	73 15	74 02	74 16	74 35
23 *Id*........	73 16	73 35	74 32	74 40	74 55
24 *Id*........	73 33	73 47	74 43	74 52	74 72
30 *Id*........	73 61	73 78	74 77	74 88	75 07

Pentes de la Seine pendant la crue de 1807.

DATES des OBSERVATIONS.	DU PONT d'Austerlitz au pont de la Tournelle.	DU PONT de la Tournelle au pont Royal.	DU PONT Royal au pont Louis XVI.	DU PONT Louis XVI à la pompe à feu de Chaillot.	TOTAL du pont d'Austerlitz à la pompe à feu de Chaillot.
19 février 1807.........	o m. 20c.	o m. 85c.	o m. 11c.	o m. 12c.	1 m. 28c.
24 Id...............	o 22	o 87	o 09	o 13	1 31
25 Id...............	o 16	o 90	o 08	o 21	1 35
27 Id...............	o 175	o 87	o 11	o 21	1 455
1er mars............	o 12	1 08	o 12	o 18	1 50
4 Id. à midi........	o 07	1 13	o 09	o 16	1 45
15 Id...............	o 21	o 90	o 14	o 18	1 43
18 Id...............	o 14	o 87	o 14	o 19	1 34
23 Id...............	o 19	o 97	o 08	o 15	1 39
24 Id...............	o 14	o 96	o 08	o 21	1 39
30 Id...............	o 17	o 99	o 11	o 19	1 46
Pentes moyennes.........	o m. 145c.	o m. 990c.	o m. 100c.	o m. 165c.	1 m. 370c.
Distances..............	1,030 o	2,314 o	838 o	1,310 o	5,492 o
Pentes moyennes par 1,000m.	o 141	o 428	o 119	o 126	o 249

Élévations et abaissements de la Seine dans la crue de 1807.

ÉPOQUE des VARIATIONS.	AU PONT d'Austerlitz.		AU PONT de la Tournelle.		AU PONT Royal.		AU PONT de la Concorde.		DEVANT la pompe à feu de Chaillot.	
ÉLÉVATIONS.										
Du 19 au 24 février 1807............	0 m	24c.	0 m.	22c.	0 m.	20c.	0 m.	22c.	0 m.	21c.
Du 24 au 25 *Id*.................	0	54	0	60	0	57	0	58	0	50
Du 25 au 27 *Id*.................	0	735	0	72	0	66	0	63	0	63
Du 27 février au 1er mars............	0	565	0	62	0	50	0	49	0	52
Du 1er au 3 mars, à midi............	0	22	0	27	0	22	0	25	0	37
ABAISSEMENTS.										
Du 3 au 15 mars.................	4	09	4	13	4	00	3	95	4	07
Du 15 au 18 *Id*.................	0	41	0	34	0	31	0	41	0	32
Du 18 au 23 *Id*.................	0	15	0	20	0	30	0	24	0	20
Du 23 au 24 *Id*.................	0	17	0	12	0	11	0	11	0	17
Du 24 au 30 *Id*.................	0	28	0	31	0	34	0	37	0	35

HAUTEURS

DES EAUX DE LA SEINE,

PENDANT LES ANNÉES 1819, 1820, 1821.

RECHERCHES STATISTIQUES

SUR

LA VILLE DE PARIS 1823.

Hauteur de l'eau dans le lit de la Seine, mesurée chaque jour au-dessus du zéro du pont de la Tournelle, pendant l'année 1819.

JOURS du MOIS.	Janvier.	Février.	Mars.	Avril.	Mai.	Juin.	Juillet.	Août.	Septembre.	Octobre.	Novembre.	Décembre.
1	0 m. 20 c.	0 m. 91 c.	2 m. 34 c.	0 m. 99 c.	0 m. 53 c.	0 m. 40 c.	0 m. 40 c.	0 m. 35 c.	0 m. 18 c.	0 m. 10 c.	1 m. 11 c.	2 m. 62 c.
2	0 19	0 89	2 23	0 97	0 53	0 50	0 40	0 21	0 25	0 09	1 21	2 42
3	0 19	0 89	2 12	0 97	0 55	0 52	0 48	0 26	0 20	0 17	1 50	2 30
4	0 19	0 76	2 00	0 86	0 45	0 45	0 51	0 50	0 30	0 10	1 54	2 29
5	0 19	0 79	1 85	0 84	0 48	0 50	0 66	0 64	0 30	0 12	1 49	2 34
6	0 20	0 81	1 71	0 81	0 50	0 52	0 63	0 75	0 30	0 15	1 44	2 59
7	0 15	0 74	1 60	0 83	0 52	0 49	0 60	1 19	0 35	0 20	1 40	2 62
8	0 17	0 84	1 49	0 73	0 48	0 51	0 59	1 04	0 34	0 11	1 62	2 51
9	0 17	1 04	1 40	0 71	0 49	0 51	0 60	1 04	0 30	0 23	2 00	2 36
10	0 20	1 05	1 31	0 73	0 52	0 54	0 51	0 95	0 23	0 21	2 68	2 18
11	0 25	1 14	1 24	0 65	0 40	0 42	0 51	0 82	0 25	0 14	3 30	2 04
12	0 20	1 19	1 19	0 65	0 48	0 39	0 41	0 64	0 29	0 18	3 21	2 20
13	0 30	1 19	1 13	0 62	0 41	0 50	0 40	0 63	0 20	0 16	3 04	2 30
14	0 23	1 22	1 07	0 67	0 41	0 43	0 45	0 59	0 20	0 20	2 98	2 15
15	0 20	1 22	1 02	0 60	0 35	0 45	0 36	0 48	0 20	0 11	3 00	2 11

16	0 28	1 26	1 00	0 60	0 44	0 45	0 27	0 40	0 23	0 11	3 03	2 11
17	0 25	1 30	0 99	0 60	0 31	0 44	0 25	0 40	0 17	0 15	2 89	2 00
18	0 25	1 30	0 91	0 59	0 30	0 35	0 30	0 41	0 20	0 08	2 70	2 09
19	0 48	1 30	0 90	0 65	0 28	0 40	0 20	0 34	0 25	0 10	2 52	3 20
20	0 62	1 40	0 90	0 61	0 30	0 51	0 18	0 25	0 19	0 12	2 35	3 45
21	0 69	1 50	0 83	0 73	0 25	0 60	0 20	0 27	0 12	0 14	2 15	3 58
22	0 78	1 54	0 84	0 61	0 24	0 58	0 29	0 25	0 15	0 09	2 04	3 78
23	0 88	1 84	0 84	0 67	0 24	0 59	0 24	0 21	0 20	0 10	2 00	3 78
24	0 89	2 06	0 90	0 69	0 19	0 50	0 27	0 21	0 13	0 24	2 05	4 11
25	1 00	2 44	0 84	0 61	0 10	0 49	0 31	0 21	0 10	0 24	2 12	4 72
26	1 09	2 59	0 87	0 70	0 23	0 41	0 34	0 23	0 19	0 52	2 05	5 10
27	1 15	2 52	1 00	0 62	0 43	0 43	0 39	0 16	0 11	0 90	2 02	5 51
28	1 11	2 44	0 94	0 74	0 33	0 33	0 26	0 13	0 10	0 88	2 08	5 69
29	1 10	» »	1 03	0 60	0 34	0 33	0 31	0 21	0 10	0 90	2 19	5 60
30	1 09	» »	1 13	0 63	0 42	0 33	0 26	0 14	0 19	1 09	2 38	5 50
31	0 98	» »	1 10	» »	0 37	» »	0 31	0 12	» »	1 03	» »	5 42

Nota. A 5 mètres au-dessus du zéro du pont de la Tournelle, les eaux interceptent totalement la circulation sur le port au Blé.

Hauteur de l'eau dans le lit de la Seine, mesurée chaque jour au-dessus du zéro du pont de la Tournelle, pendant l'année 1820.

JOURS du MOIS.	Janvier.	Février.	Mars.	Avril.	Mai.	Juin.	Juillet.	Août.	Septembre.	Octobre.	Novembre.	Décembre.
1	5 ^{m}.17^c	3 ^{m}.08^c	1 ^{m}.72^c	1 ^{m}.42^c	0 ^{m}.97^c	0 ^{m}.62^c	0 ^{m}.67^c	0 ^{m}.23^c	0 ^{m}.46^c	0 ^{m}.31^c	2 ^{m}.00^c	1 ^{m}.18^c
2	4 60	2 90	1 64	1 40	1 00	0 64	0 69	0 23	0 51	0 25	2 00	1 13
3	4 10	2 72	1 54	1 35	0 98	0 62	0 60	0 29	0 54	0 25	2 00	1 10
4	3 95	2 60	1 58	1 36	0 89	0 61	0 60	0 22	0 45	0 28	2 02	1 09
5	4 13	2 50	1 54	1 35	0 90	0 68	0 60	0 19	0 45	0 30	2 00	1 04
6	4 28	2 39	1 50	1 30	0 90	0 59	0 60	0 22	0 50	0 22	1 99	1 04
7	4 10	2 29	1 40	1 24	0 80	0 64	0 60	0 20	0 52	0 22	2 00	1 00
8	3 65	2 20	1 35	1 29	0 82	0 64	0 54	0 15	0 44	0 25	2 05	0 98
9	3 00	2 11	1 35	1 21	0 85	0 68	0 55	0 13	0 45	0 20	1 99	1 05
10	2 85	2 06	1 33	1 22	0 82	0 65	0 51	0 23	0 45	0 21	1 90	1 20
11	3 50	2 00	1 33	1 25	0 79	0 63	0 50	0 18	0 39	0 24	1 82	1 29
12	3 60 Glace.	1 95	1 31	1 25	0 84	0 68	0 45	0 14	0 37	0 21	1 72	1 29
13	Idem.	1 91	1 31	1 21	0 84	0 57	0 50	0 22	0 40	0 18	1 62	1 30
14	Id.	1 89	1 33	1 16	0 80	0 64	0 41	0 17	0 39	0 18	1 51	1 30
15	Id.	1 82	1 38	1 15	0 84	0 62	0 42	0 10	0 30	0 24	1 44	1 39

16	*Id.*	1 79	1 41	1 04	0 87	0 69	0 51	0 09	0 28	0 16	1 35	1 70
17	*Id.*	1 70	1 41	1 05	0 85	0 70	0 42	0 18	0 30	0 17	1 30	1 80
18	*Id.*	1 62	1 40	1 17	0 83	0 67	0 40	0 09	0 24	0 20	1 28	1 80
19	*Id.*	1 56	1 40	1 31	0 90	0 80	0 41	0 05	0 22	0 28	1 20	1 80
20	5 50	1 51	1 40	1 25	0 92	0 82	0 45	0 11	0 22	0 25	1 19	1 82
21	5 34	1 48	1 39	1 19	0 80	0 94	0 35	0 08	0 25	0 41	1 19	1 80
22	5 50	1 48	1 35	1 15	0 84	0 92	0 35	0 05	0 22	0 50	1 15	1 72
23	5 34	1 50	1 33	1 10	0 71	0 99	0 40	0 14	0 23	0 79	1 19	2 69
24	4 65	1 51	1 29	1 03	0 78	0 99	0 31	0 24	0 30	1 05	1 20	1 60
25	4 15	1 51	1 32	1 05	0 71	0 93	0 30	0 27	0 21	1 25	1 20	1 58
26	4 03	1 50	1 44	1 02	0 74	0 99	0 30	0 39	0 25	1 50	1 19	1 52
27	3 84	1 56	1 50	0 92	0 68	0 85	0 38	0 73	0 37	1 85	1 20	1 49
28	3 65	1 69	1 60	0 92	0 65	0 85	0 31	0 61	0 32	2 04	1 22	1 42
29	3 45	1 82	1 59	0 94	0 65	0 80	0 24	0 59	0 24	2 00	1 25	1 19
30	3 32	» »	1 52	0 88	0 60	0 75	0 32	0 64	0 31	2 05	1 25	0 98
31	3 21	» »	1 54	» »	0 60	» »	0 25	0 56	» »	2 09	1 20	1 22

Nota. A 5 mètres au-dessus du zéro du pont de la Tournelle, les eaux interceptent totalement la circulation sur le port au Blé.

Hauteur de l'eau dans le lit de la Seine, mesurée chaque jour au-dessus du zéro du pont de la Tournelle, pendant l'année 1821.

JOURS du MOIS.	Janvier.	Février.	Mars.	Avril.	Mai.	Juin.	Juillet.	Août.	Septembre.	Octobre.	Novembre.	Décembre.
1	Glace. 1m. 72c.	1m. 55c.	0m. 71c.	1m. 69c.	1m. 62c.	1m. 10c.	0m. 79c.	8m. 47c.	0m. 40c.	0m. 57c.	0m. 61c.	1m. 21c.
2	0 00	1 50	0 75	1 64	1 70	1 11	0 83	0 50	0 71	0 53	0 65	1 25
3	0 00	1 42	0 84	1 61	1 77	1 00	0 79	0 43	0 73	0 52	0 58	1 39
4	0 00	1 39	1 10	1 60	1 68	1 01	0 90	0 51	0 91	0 56	0 58	1 63
5	0 00	1 35	1 20	1 65	1 60	1 01	0 81	0 44	1 15	0 52	0 61	1 90
6	0 00	1 31	1 29	2 02	1 53	0 95	0 88	0 40	1 13	0 50	0 55	1 91
7	0 00	1 29	1 39	2 39	1 44	0 89	0 81	0 40	1 09	0 49	0 65	1 89
8	0 00	1 25	1 50	2 52	1 42	0 91	0 75	0 35	1 00	0 41	0 61	1 85
9	1 82	1 20	1 76	2 30	1 39	0 84	0 79	0 40	0 98	0 43	0 65	1 81
10	1 92	1 15	2 05	2 20	1 30	1 05	0 69	0 40	0 90	0 41	0 60	1 79
11	1 87	1 10	2 11	2 15	1 22	0 95	0 71	0 36	0 86	0 44	0 60	1 76
12	1 91	1 09	2 22	2 12	1 22	0 97	0 69	0 43	0 85	0 40	0 61	1 70
13	2 20	1 05	2 41	2 02	1 13	1 09	0 70	0 37	0 80	0 40	0 54	1 61
14	2 49	1 07	2 75	2 00	1 13	1 41	0 60	0 42	0 75	0 40	0 61	1 12
15	2 85	1 00	2 79	2 00	1 15	1 52	0 60	0 44	0 72	0 35	0 60	1 45

16	3 20	0 99	2 75	2 00	1 19	1 70	0 60	0 42	0 73	0 39	0 62	1 41
17	3 51	1 01	2 85	1 93	1 21	1 99	0 54	0 36	0 70	0 39	0 70	1 35
18	3 52	0 95	2 88	2 05	1 19	2 04	0 60	0 44	0 70	0 41	0 62	1 32
19	3 32	0 90	2 72	2 03	1 22	1 98	0 55	0 46	0 69	0 32	0 61	1 38
20	3 20	0 90	2 55	2 10	1 15	1 98	0 61	0 44	0 64	0 40	0 62	1 40
21	3 12	0 91	2 44	2 02	1 12	1 96	0 52	0 40	0 58	0 40	0 66	1 44
22	3 02	0 85	2 39	1 92	1 10	1 89	0 52	0 41	0 58	0 31	0 62	1 70
23	2 85	0 85	2 35	1 95	1 10	1 74	0 50	0 41	0 55	0 45	0 60	1 90
24	2 68	0 85	2 29	1 77	0 92	1 62	0 42	0 32	0 57	0 40	0 70	2 10
25	2 51	0 80	2 29	1 70	1 15	1 54	0 41	0 30	0 60	0 45	0 71	2 02
26	2 31	0 80	2 12	1 61	1 20	1 42	0 47	0 35	0 56	0 49	0 79	2 20
27	1 14	0 75	2 01	1 57	1 30	1 40	0 43	0 26	0 56	0 60	0 85	2 40
28	2 01	0 81	1 92	1 51	1 30	1 31	0 42	0 25	0 50	0 62	1 00	2 42
29	1 89	» »	1 88	1 53	1 24	1 20	0 48	0 27	0 55	0 60	1 00	2 25
30	1 78	» »	1 80	1 62	1 21	1 15	0 47	1 24	0 53	0 64	1 12	2 28
31	1 65	» »	1 73	0 00	1 18	» »	0 48	0 24	» »	0 70	» »	2 32

Nota. A 5 mètres au-dessus du zéro du pont de la Tournelle, les eaux interceptent totalement la circulation sur le port au Blé, etc.

TABLE

DES MATIÈRES.

DOCUMENTS A L'APPUI DU MÉMOIRE.

FIN DE LA TABLE DES MATIÈRES.